100 recetas de Navidad

Asesor:
Rafael Ansón Oliart
Presidente de la Academia
Internacional de Gastronomía

Beatriz Balmaseda

100 recetas de Navidad

cocinas espasa

ESPASA CALPE

Maqueta: José Fernández Olías
Diseño y fotografía de cubierta: Alejandro Pradera

Depósito legal: M 39.440-1991
ISBN 84-239-5831-0

Impreso en España
Printed in Spain

Talleres gráficos de la Editorial Espasa-Calpe, S. A.

Carretera de Irún, km. 12,200. 28049 Madrid

INTRODUCCIÓN

Las Navidades son para todos nosotros recuerdos cálidos de la niñez, fiestas familiares en las que nos apetece recogernos en paz. Los recuerdos infantiles están hondamente enraizados con las emociones que nos producen y todo esto convierte estas fiestas en algo muy importante.

Además tienen un contenido religioso para los creyentes: se celebra el nacimiento de Cristo. Su origen en Occidente se remonta a las primeras épocas de nuestra era. En los tiempos primitivos del cristianismo, cuando se quiso hacer hincapié en la celebración de estos acontecimientos, seguramente también se intentaba superponerlas a las fiestas paganas del solsticio de invierno. La Navidad, que dura hasta la Epifanía, junto con la Cuaresma y la Semana Santa, que culmina con la Resurección, marcan las fechas principales en la liturgia católica.

La gastronomía de Navidad siempre ha constituido una parte importante de sus ritos, junto con la liturgia religiosa, los encuentros familiares, los villancicos y la colocación en las casas de nacimientos, árboles navideños y adornos múltiples que nos recuerdan que estamos celebrando estas fiestas tan importantes. Parece ser que antiguamente, en los siglos XVI y XVII, la «Olla podrida», famosa en todo el mundo, era un plato navideño. Nos queda como recuerdo la costumbre de la «Escudella i carn d'olla» en Cataluña. (El nombre de «Olla podrida» podría deberse al judío «adafina», con la diferencia de que en la olla cristiana se le echaba indispensablemente el tocino de cerdo para demostrar que ningún judío habitaba la casa.) La «Olla podrida», como más adelante el cocido, serán platos de unificación de la gastronomía nacional. Es éste un gran plato que tiene su parangón en todas las naciones occidentales con una gastronomía importante y ha atravesado el

Atlántico, ya que en Estados Unidos tienen el «New England boiled dinner», que junto con el «hot-pot inglés», el «pot-au-feu» francés el «Borscht» en Rusia y el «bollito misto» en Italia, están todos hermanados en este guiso de olla grande a fuego lento con carnes y verduras.

La oferta en la mesa que tenía el pueblo era muy distinta de la que disfrutaban en los castillos y palacios. En España se ha pasado mucha hambre, como se refleja, por ejemplo, en toda la novela picaresca. Como contraste, las clases privilegiadas, los nobles y el clero, disfrutaban de banquetes pantagruélicos. He aquí un menú de un festejo navideño en la corte del rey Felipe IV:

Perniles con los principios
Ollas podridas
Pavos asados con su salsa
Pastelillos saboyanos de ternera hojaldrados
Pichones y torreznos asados
Platillos de «artaletes» de aves sobre sopas de natas
Bollos de vacía
Perdices asadas con salsa de limones
«Capirotada» con solomo y salchichas y perdices
Lechones asados con sopas de queso y azúcar y canela
Hojaldres de masa de levadura con enjundia de puerco
Pollas asadas
Frutas: uvas, melones, limas dulces o naranjas, pasas y almendras, orejones, manteca fresca, peras y camuesas, aceitunas y queso, conserva y «suplicaciones»

La volatería como los capones, pavos (que no se conocieron en Europa hasta después del descubrimiento de América), gansos, ocas, pollas, y caza de pluma como el pavo real, los pichones, los patos, los faisanes; el cordero, cabrito; el besugo, entre los pescados, son los platos típicos de la Navidad. Pero también el cerdo de la matanza forma parte en muchos lugares de la celebración de esos días. La gastronomía navideña, no obstante, no es rígida y cada pueblo y región la interpreta como mejor le parece. También tenemos que tener en cuenta que la Nochebuena es considerada vigilia, ya que luego se asiste a la Misa del Gallo, y la frugalidad de los platos en ciertas zonas están relacionadas con este detalle.

Los dulces navideños sí nos ofrecen una amplia gama. En España, tienen su origen en los mozárabes, como el turrón y el mazapán. Sabemos que los árabes eran muy aficionados a los dulces. Ellos nos enseñaron a utilizar el azúcar, ya que hasta entonces aquí sólo se utilizaba la miel para endulzar. Hicieron grandes plantaciones de caña de azúcar en las zonas costeras de clima suave, como las vegas de Sevilla, Granada, Almuñécar, Motril, Málaga, Salobreña. Nos dejaron como herencia una rica variedad de deliciosos dulces de nueces, almendras, piñones, miel, azúcar, frutas, delicadas masas finísimas, fritas y regadas de miel. Los polvorones, perrunas, aceitados, mantecados, roscos de vino, tortas de cidra, nevaditos, almendrados, cortadillos, de los que cada pueblo tiene su receta particular propia, son también dulces típicos de la Navidad. Los frutos secos, sobre todo la castaña y la almendra, de las que se preparan deliciosas sopas, también forman parte del recetario de esas fechas. Los conventos andaluces se dedican a fabricar delicados dulces, muchos de ellos navideños, siendo magníficas las monjas preparando dulces de yemas, ya que sobran en abundancia, pues las claras se utilizan para aclarar los finos de Jerez.

Es curioso, no obstante, que buscando recetas navideñas en una copiosa bibliografía, en nuestro país se da más importancia si cabe a la comida de ayuno y abstinencia –que lógicamente debería ser escasa– que a la de Nochebuena, Navidad y Año Nuevo. ¿Somos un poco masoquistas los españoles o el ayuno acrecentaba la gula?

En nuestros días, los menús navideños se han uniformizado en toda España. El pavo relleno, el capón, la pularda y el faisán son los platos que más se consumen al hacerse más asequibles al bolsillo. El cordero goza todavía de gran vigencia. El besugo, por el precio excesivo que adquiere en esos días, ha bajado en popularidad. Ya dispuestos a gastar dinero ha sido sustituido por los mariscos, entre los cuales la langosta y las ostras son las preferidas. Los turrones, guirlaches, almendras y piñones bañados de azúcar, polvorones y mazapanes siguen siendo los postres preferidos. La gama de turrones, a veces hechos artesanalmente, ha llegado a ser tan sofisticada y variada que se ha convertido en plato de lujo y puede competir con las mejores confiterías de Europa. La mayoría vienen de Jijona, y el turrón con ese nombre ya existía en el siglo XVI.

Otro dulce importante en nuestro país y en la vecina Francia es el roscón de Reyes. Sus orígenes son difíciles de rastrear, pero desde hace mucho acompaña a la fiesta de Epifanía en la que los tres Reyes Magos visitan al niño Jesús y le ofrecen oro, incienso y mirra según la tradición. Tienen forma de corona y las frutas escarchadas que lo adornan figuran a modo de piedras preciosas. Dentro se esconde el haba que convertirá en rey o reina por un día aquel a quien le toque.

Los «pudding» de Navidad, postre navideño del Reino Unido, empiezan a incorporarse a nuestras costumbres. Lo mismo ocurre con el «foie» de oca o de pato, clásico francés, el «stollen» alemán, o el «pannetone» italiano.

CÓMO PREPARAR LA COMIDA DE ESTAS FIESTAS

Para que la preparación de estas fiestas no les resulte demasiado cara, fatigosa y una carrera de nervios, es conveniente organizarse con tiempo. Todo sube de precio los últimos días, escasea lo que más demanda tiene, hay colas interminables para comprar, etc.

Conviene programar con un mes de antelación el menú que pondremos en los grandes acontecimientos. Unas buenas listas de ingredientes nos serán de gran ayuda. Hay alimentos que se pueden comprar congelados y guardarlos en el congelador hasta el momento en que los necesitemos. Si decidimos hacer algunos dulces caseros típicos de estas fechas, como turrón, polvorones, mazapán, también conviene hacerlos con antelación. El pavo, si es de corral, a veces se tiene que encargar en la pollería con tiempo, al igual que otras aves que tienen mucha demanda esos días.

Tenemos que tener claro que no es de ninguna manera indispensable llevar a cabo un importante desembolso económico para preparar una comida sabrosa y extraordinaria. Como digo, las aves, antes prohibitivas, ahora, por su producción en granjas, están mucho más asequibles. Sigue siendo caro el marisco y el «foie» de oca o pato, así como las angulas, cuyo precio se desquicia esos días. Compremos congelados esos mariscos y nos ahorraremos gastos inútiles. Eso sí, aprenderemos bien el método de descongelación. El pavo también puede ser comprado con antelación congelado y será más barato. Ocurre lo mismo con la caza.

Si queremos abaratar todavía más los costes, un sabroso pollo de corral o un capón relleno, un cordero asado, una pularda al cava, etc., no tiene por qué salir caro y nos hará quedar como reyes. Los rellenos se pueden hacer con antelación y congelarlos. Algunas salsas y purés de frutas también. Ocurre lo mismo con los caldos y los fondos.

SUGERENCIAS

MENÚ DE NAVIDAD

Sopa de galets
Pavo relleno, con salsa de arándanos salvajes, acompañado de gratinado de nabos y zanahorias, puré de manzana y de castañas
«Christmas Pudding»
Turrones variados

BUFFET DE NAVIDAD

Canapés variados
Jamón en dulce con puré de manzana y patatas caramelizadas
Capones asados
Lombarda con pasas y piñones
Ensalada de endivias, canónigos y naranja, espolvoreada de coco rallado
Platitos de frutos secos
Peladillas y piñones blancos
Tarta de castañas Mont Blanc
Turrones, mazapanes y polvorones

SOPAS Y VERDURAS

CREMA DE ALMENDRAS SALADA (España)

Ingredientes
(para 8 personas)

800 gr. de almendras peladas
150 gr. de mantequilla
50 gr. de Maizena
4 puerros
4 yemas de huevo
2 l. de caldo de pollo (véase receta de «Tortellini en caldo»)
1 limón
1/2 kg. de nata
sal
pimienta
nuez moscada

NOTAS:

Preparación

1. Tenemos las almendras a remojo una noche.
2. Picamos los puerros y los rehogamos con la mantequilla, sin que tomen color.
3. Trituramos las almendras.
4. Las agregamos a los puerros.
5. Vertemos el caldo y dejamos cocer 1/2 hora.
6. Desleír la Maizena en un poquito de agua y agregarla a la crema.
7. Batir las yemas con la nata e incorporarlo a la crema.
8. Salpimentar y echar un poquito de nuez moscada. Servir caliente.

SOPA DE ALMENDRA DE NAVIDAD (Condesa de Pardo Bazán)

Ingredientes
(para 6 personas)

500 gr. de almendras
unas rebanadas de pan gallego
azúcar a gusto
canela molida

NOTAS:

Preparación

1. Se pelan las almendras echándoles por encima agua hirviendo. Se dejan reposar en agua 3 ó 4 horas. Se machacan para que se forme como una leche añadiendo agua del remojo. Debe quedar espesa.

2. En una cazuela se ponen unas rebanaditas de pan tostado, se vierte por encima la leche de almendras y se pone al fuego, añadiéndole azúcar y canela a gusto. La sopa no debe quedar seca, sino líquida. Se puede tomar fría o caliente.

SOPA DE ALMENDRAS DULCE (España)

Ingredientes
(para 6 personas)

- *300 gr. de almendras crudas peladas*
- *2 cucharadas de mantequilla*
- *1 l. de leche*
- *50 gr. de azúcar*
- *1 pellizco de sal*
- *2 yemas de huevo*
- *2 rebanadas de pan tostado*
- *canela en polvo*

NOTAS:

Preparación

1. Triturar las almendras con la leche en la batidora. Picar el pan. Poner todo a hervir con la mantequilla, el azúcar y la sal. Se deja cocer a fuego lento una 1/2 hora, removiendo frecuentemente para que no se pegue. Cuando espese, servir en sopera en la que se habrán desleído dos yemas. Espolvorear canela en polvo y servir caliente.

INTXAULSALSA (Guipúzcoa)

Ingredientes
(para 6 personas)

1 l. de leche	*200 gr. de nueces peladas*	*NOTAS:*
1 palito de canela en rama	*250 gr. de azúcar*	
canela molida	*3 rebanadas de pan tostado*	

Preparación

1. Se tritura el pan tostado y las nueces.
2. Poner a hervir la leche con las nueces, el pan y la canela. Remover con cuchara de madera. Hervir durante 3/4 de hora a 1 hora a fuego suave hasta que espese. En ese momento echar el azúcar.
3. Espolvorear canela molida y servir frío.

POTAJE DE CASTAÑAS (Condesa de Pardo Bazán)

Puede hacerse con castañas frescas o pilongas; siempre el quid consistirá en que cuezan lo bastante para estar muy blandas sin deshacerse del todo y en elegir castañas de la mejores, azucarosas. Siendo pilongas hay que ponerlas a remojo al menos 24 horas.

Después se cuecen con agua y sal; cuando estén cocidas, se majan unas pocas en el mortero con una corteza de pan tostado y remojado en vinagre; se incorpora este puré a las castañas, un polvo de canela y una cucharada de azúcar; si se quiere, se puede añadir una cucharada de miel.

SOPA DE CASTAÑAS (Inglaterra)

Ingredientes
(para 6 personas)

450 *gr. de castañas*	*madeira*	*NOTAS:*
3 *lonchas de bacón*	*sal*	
25 *gr. de mantequilla*	*pimienta negra*	
50 *gr. de cebolla*	1 *pellizco de nuez moscada*	
1 *ramita de apio*	1 *pellizco de azúcar*	
75 *gr. de zanahorias*	2 *cucharadas de nata*	
50 *gr. de patata*		
3/4 *de l. de caldo de pollo o carne*		

Preparación

1. Hacer una rajita a cada castaña y ponerlas a cocer en agua hirviendo durante 10 minutos. Quitar las dos pieles.
2. Quitar el gordo duro al bacón. Rehogar en la mantequilla una loncha de bacón y cortarla en trocitos. Agregar la cebolla picada sin que tome color. Incorporar el apio, zanahoria y patata groseramente picado. Rehogar. Agregar las castañas y remover. Dejar al fuego unos minutos.
3. Verter el caldo. Llevar a ebullición. Cocer 1 hora y 1/2 más o menos hasta que las castañas estén blandas.
4. Pasar por el pasapurés. Verter un poquito de madeira.
5. Salpimentar y echar la nuez moscada y el azúcar. Si estuviese muy espesa agregar más caldo.
6. Servir caliente y echar la nata en el momento de servir. Adornar con unas lonchas de bacón fritas y unos curruscos de pan frito.

SOPA DE CASTAÑAS AL BRANDY

Ingredientes
(para 6 personas)

1 y 1/2 l. de caldo de verduras
900 gr. de castañas
3 cucharadas de mantequilla
3 cucharadas de harina
páprika
4 cucharadas de vino tinto
3 cucharadas de brandy
sal
pimienta
nuez moscada
pimienta de Cayena

NOTAS:

Preparación

1. Hacer una incisión en las castañas con un cuchillo y asarlas al horno 15 ó 20 minutos. Cuando se puedan pinchar con una aguja de labor, están.
2. Pelarlas y pasarlas por un pasapurés.
3. Añadir las castañas al caldo y cocer suavemente 1/2 hora.
4. En una cacerola hacer un «roux» con la harina y la mantequilla. Verter el caldo de castañas sin dejar de batir con varillas. Verter el brandy y el vino y salpimentar. Echar la nuez moscada. Echar un poquito de Cayena.
5. Dejar cocer 10 minutos. Antes de servir espolvorear un poquito de páprika. Acompañar de trocitos de pan fritos.

«TORTELLINI» EN CALDO (Italia)

Ingredientes
(para 6 personas)

Caldo

1/4 de pollo
1 punta de jamón
400 gr. de morcillo
4 huesos de caña
1 puerro
1 zanahoria
1 nabo
1 ramita de apio
perejil
sal
pimienta

NOTAS:

Tortellini

250 gr. de harina
2 huevos
60 gr. de jamón serrano picado
125 gr. de pollo picado (puede ser el del caldo)
60 gr. de cerdo picado
1 huevo
albahaca o basilisco picado
sal
pimienta
queso parmesano rallado

Preparación

1. Hacer el caldo. Poner a hervir todos los ingredientes en gran cantidad de agua, unos 2 y 1/2 litros, durante unas 2 ó 3 horas. Agregar más agua a lo largo de la cocción si fuese preciso.

2. Una vez hecho, colar por un paño, dejar enfriar y desengrasar.

3. «Tortellinis»: En una mesa enharinada poner la harina, haciendo un pozo en el centro y verter ahí los huevos. Trabajar la masa 15 minutos. Estirar la masa con un rodillo enharinado, lo más fina posible.

4. Con un cortapastas o un vasito cortar círculos de unos cinco centímetros.

5. Mezclar las carnes picadas con el huevo, las hierbas aromáticas, la sal y pimienta y el queso. Disponer una cucharadita de esta farsa en cada círculo de masa. Doblar como una empanadilla aplastando bien los bordes.

6. Echar en el caldo hirviendo y cocer 20 minutos. Servir los «tortellini» con el caldo.

SOPA CON GALETS (Cataluña)

Ingredientes
(para 6 personas)

Caldo (véase la receta anterior)
«galets» (caracolillos)
queso parmesano rallado

NOTAS:

Preparación

1. Hacer el caldo según la receta anterior.
2. Cocer los galets unos 12 minutos en el caldo. Servir con el queso espolvoreado por encima.

SOPA DE PAN DE NAVIDAD (Galicia)

Ingredientes

1 taza de grasa de la sobrante del asado de pavo, capón o faisán
pan gallego
1 y 1/2 l. de buen caldo (véase receta de «Tortellini en caldo»)

NOTAS:

Preparación

1. En una cazuela de barro derretir la grasa. Cortar el pan en rebanadas como para sopa y ponerlas en la cazuela. Arrimarlo al fuego. Añadir el caldo muy caliente y cocer unos 15 minutos.
2. Meter al horno hasta que se reduzca bastante el caldo.

SOPA CLARA DE «BORSCHT» CON «USZKI» (Ucrania)

Ingredientes
(para 8 personas)

4 ó 5 remolachas pequeñas
1 y 1/2 l. de caldo de verduras o de pollo
2 vasos de agua de remojo de las setas secas (de la siguiente receta)
3 cucharadas de aceite
1 tacita de cebolla picada
1 zanahoria
1 ramita de apio
unas ramas de perejil
1 patata
3 tacitas de repollo picado
1 tacita de zumo de limón
sal
pimienta
1 taza de nata agria

NOTAS:

Preparación

1. Para hacer la nata agria, mezclarla con una cucharada de zumo de limón y dejarla un ratito en reposo.

2. En una cazuela calentar el aceite y rehogar la cebolla, sin que tome color. Agregar las remolachas peladas y cortadas en cuadraditos, la zanahoria rallada, el apio picado, el perejil, la patata pelada y troceada. Rehogar todo.

3. Verter el caldo y el agua de las setas. Llevar a ebullición y cocer suavemente una 1/2 hora o hasta que la remolacha esté tierna. Añadir el repollo y cocer 8 minutos más.

4. Verter el zumo de limón; salpimentar. Ponerlo en una sopera grande, verter la crema agria y servir con los «uszki» (siguiente receta).

«USZKI» (Ucrania)

Ingredientes
(para 8 personas)

225 *gr. de setas negras secas*
1 *cebolla*
6 *cucharadas de mantequilla*
20 *gr. de champiñón*
sal
1 *loncha de pan negro*
1 *cebolla picada*
cardamomo (en tiendas de especias)
tomillo
eneldo seco
pimienta negra

NOTAS:

Masa

450 *gr. de harina*
2 *huevos*
sal

Preparación

1. Hervir las setas en 1 litro de agua con la cebolla entera, 1 cucharada de mantequilla y sal, durante 1 hora. Escurrir reservando el líquido, que usaremos para el plato anterior.

2. Picar las setas e ir añadiendo los champiñones frescos y el pan, picando todo bien.

3. Derretir la mantequilla restante en una sartén. Añadir el cardamomo machacado y el tomillo. A los pocos minutos agregar la cebolla picada y rehogar. Incorporar las setas con el pan, el eneldo, sal y mucha pimienta molida. Saltear todo unos 20 minutos, removiendo frecuentemente. Añadir algunas cucharadas del caldo de las setas si está muy seco. Debe quedar como una papilla.

4. Masa: Mezclar la harina con la sal en un bol. Batir los huevos y añadir a la harina con el agua fría suficiente para hacer una masa untuosa pero firme. Amasarla ayudándose de una cuchara de madera.

5. En mesa enharinada, estirar la mitad de la masa espolvoreando más harina. Debe quedar muy fina. Hacer lo mismo con la otra mitad.

6. Cortar unos rectángulos de unos 5 centímetros. Poner en medio una cucharada de relleno de setas y formar un triángulo, apretando firmemente

los bordes, remojando con un poquito de agua. Luego llevar dos puntas hacia el centro, dar la vuelta y apretar.

7. Saltearlos en mantequilla hasta que estén dorados por ambos lados. Ponerlos en una bandeja de horno. Hornearlos 15 minutos antes de servirlos con el «Borscht».

SOPAS DE MIEL (Las Palmas)

Ingredientes
(para 8 personas)

***1** l. de miel de caña*
***10** gr. de matalaúva*
***500** gr. de pan*
***250** gr. de almendras tostadas y molidas*
***1** corteza de limón*
canela en palo

NOTAS:

Preparación

1. Se pone a hervir a fuego lento la miel, la matalaúva, la corteza de limón, la canela y las almendras. Al cabo de un rato se agrega el pan cortado en rebanadas. Cocer 15 minutos y apartar. Se deja reposar y se sirve fría.

PURÉ DE CASTAÑAS (Galicia)

Ingredientes
(para 6 personas)

1 kg. de castañas	*1 vaso de sidra*	*NOTAS:*
2 tomates	*2 l. de caldo*	
1 cebolla	*100 gr. de jamón serrano picado*	
2 puerros		
un poco de perejil		

Preparación

1. Hacer una incisión en las castañas y hervirlas 15 minutos en agua. Pelarlas.

2. En el caldo hirviendo cocer las castañas, los tomates, cebollas y puerros picados y el perejil. Verter la sidra. Cuando estén blandas las castañas, reducirlas a puré. Se servirá con el jamón.

LOMBARDA CON MANZANA

Ingredientes
(para 6 personas)

1 lombarda pequeña	***4 cucharadas de vinagre***	*NOTAS:*
2 cebollas	***sal***	
2 cucharadas de manteca	***aceite***	
4 manzanas		

Preparación

1. Cortar la lombarda en 4 trozos y luego en rodajas muy finas. Lavarla. Escurrirla.
2. Cortar las cebollas en finísimas rodajas. Picar la manzana pelada.
3. En una cazuela rehogar la cebolla en la manteca. Agregar la lombarda y las manzanas y darle unas vueltas. Cubrir justo de agua, salar y dejar cocer hasta que la lombarda esté blanda. Escurrirla.
4. En el momento de servir, calentarla en un poquito de aceite.

LOMBARDA ENCURTIDA (Irlanda)

Ingredientes
(para 6 personas)

1 lombarda de 1 kg.
50 gr. de sal
1 l. de vinagre especiado

NOTAS:

Vinagre especiado

1 l. de vinagre
25 gr. de nuez moscada
15 gr. de especias mixtas
15 gr. de jengibre en polvo
1 cucharada de clavo
1 palito de canela
6 granos de pimienta

Preparación

1. Hacer el vinagre especiado: Poner el vinagre y las especias en una cazuela. Llevar a ebullición y echar en un bol. Dejar enfriar. Dejarlo reposar 2 horas, o 24 horas si queremos que el sabor sea más fuerte.

2. Quitar las hojas duras de la lombarda. Cortar en 4 y cortar en finas rodajas. Colocarla por capas en una fuente de porcelana o de cristal, espolvoreando sal en cada capa. Cubrir y dejar 24 horas en reposo. Escurrir.

3. Colocar la lombarda en tarros de cristal. Cubrir con el vinagre especiado. Tapar y dejar reposar por lo menos 2 ó 3 semanas antes de usarlo.

LOMBARDA BRASEADA (Escandinavia)

Ingredientes
(para 6 personas)

- *1 lombarda de 1 kg. aproximadamente*
- *4 cucharadas de mantequilla*
- *1 cucharada de azúcar*
- *1 cucharadita de sal*
- *1/3 de tacita de agua*
- *1/3 de tacita de vinagre*
- *3 cucharadas de jalea de grosellas*
- *2 cucharadas de manzana rallada*

NOTAS:

Preparación

1. Lavar la lombarda. Quitarle el troncho y las hojas duras. Cortarla en dos mitades. En una plancha de madera poner la lombarda y cortarla en finas rodajas.

2. Calentar el horno. Mezclar la mantequilla, azúcar, sal, agua y vinagre en una fuente de horno de porcelana. Poner al fuego o en el horno y cuando empiece a hervir añadir la lombarda. Meter al horno bien cubierto y cocer 2 horas. Añadir más agua si fuese preciso.

3. Diez minutos antes de finalizar la cocción, agregar la jalea y la manzana, cubrir y terminar de cocer. Servir caliente, acompañando el ganso o el lomo de cerdo relleno.

PATATAS CARAMELIZADAS (Escandinavia)

Ingredientes
(para 8 personas)

24	***patatas pequeñas nuevas***	***8***	***cucharadas de mantequilla***	*NOTAS:*
1/2	***taza de té de azúcar***			

Preparación

1. Hervir las patatas sin pelar, bien frotadas con cepillo duro, durante 20 minutos. Enfriarlas. Pelarlas.

2. Derretir el azúcar en una cazuela de fondo grueso. Cocer 2 ó 3 minutos, hasta que tenga color dorado. Remover con cuchara de palo y tener cuidado de que no se queme. Agregar la mantequilla. Incorporar las patatas, pocas a la vez. Cubrirlas por todos lados con el caramelo. Colocarlas en una mesa engrasada.

CARDOS CON SALSA HOLANDESA (Estados Unidos)

Ingredientes
(para 8 personas)

1 pieza de cardo *sal* *NOTAS:*
1 limón *aceite de oliva*
3 cucharadas de harina

Salsa holandesa

6 yemas de huevo *sal*
30 cl. de nata *pimienta*
el zumo de un limón

Preparación

1. Limpiar bien los cardos, quitando los tronchos de fuera que son duros. Cortarlos en trozos de 5 centímetros; exprimir por encima el jugo de limón removiendo bien para que no se ennegrezcan.

2. En una cazuela poner gran cantidad de agua, echar la harina desleída en 1/2 taza de agua, un chorreón de aceite y sal. Llevar a ebullición. Incorporar los cardos y cocerlos 1 hora más o menos, hasta que estén tiernos. Escurrirlos y reservar.

3. Salsa holandesa: En una cacerola de fondo grueso o al baño María, echar la nata con el zumo de limón, las yemas, sal y pimienta. Batir hasta que espese. Mantener caliente sobre agua hirviendo suavemente.

4. Servir los cardos calientes con la salsa.

CARDOS CON SALSA DE ALMENDRAS (España)

Ingredientes
(para 6 personas)
Cardos (véase receta anterior)

Salsa de almendras

100 gr. de almendras peladas
2 yemas de huevo cocidas
1/2 l. de caldo (véase receta de «Tortellini en caldo»)
unas hebras de azafrán
2 dientes de ajo
3 clavos de especia
canela en polvo
sal
pimienta
unas pasas

NOTAS:

Preparación

1. Se preparan los cardos según la receta enterior. Una vez cocidos se reservan.
2. Salsa: Triturar las almendras con los dientes de ajo.
3. Majar en el mortero las yemas. Agregarlas a las almendras.
4. Se vierte el caldo caliente. Se pone todo al fuego y se lleva a ebullición. Se agregan las especias. Se remueve con cuchara de madera hasta que espese. Se sirven los cardos con la salsa por encima, todo caliente, y se espolvorean unas pasas por encima. Se puede adornar con unas ciruelas pasas cocidas en vino.

LOMBARDA CON CASTAÑAS (España)

Ingredientes

1 lombarda pequeña	*200 gr. de bacón*	*NOTAS:*
1/2 kg. de castañas	*manteca de cerdo*	
2 cebollas	*vinagre*	
3 salchichas de Frankfurt	*sal*	
4 manzanas	*pimienta*	

Preparación

1. Hacer una incisión en las castañas y cocerlas 15 minutos en agua hirviendo. Pelarlas.

2. Cortar la lombarda en 4, quitando las hojas exteriores y el troncho. Cortarlas en finas lonchas.

3. Picar las cebollas y rehogarlas en 50 gramos de manteca. Agregar la lombarda, el bacón picado, las salchichas y las manzanas troceadas. Verter el vinagre. Cubrir con agua. Cocer 1 hora o hasta que esté tierna la lombarda.

4. Agregar las castañas y dejar al fuego 1/2 hora más. Servir como acompañamiento del pavo o como primer plato.

LOMBARDA CON CASTAÑAS (Francia)

Ingredientes
(para 6 personas)

1 lombarda
1 kg. de castañas
1/2 l. de vino blanco
2 cucharadas de azúcar
1 tarro de «4 especias»
100 gr. de mantequilla

NOTAS:

Preparación

1. Hacer una incisión en las castañas y darles un hervor de 15 minutos. Pelarlas.
2. En una «cocotte» derretir la mantequilla. Agregar la lombarda cortada en finas lonchas y rehogar. Echar las «4 especias», sal y pimienta y el azúcar. Verter el vino blanco, cerrar y cocer 1 hora como mínimo.
3. A media cocción añadir las castañas.

COLIFLOR CON PATATAS AL NATURAL (Guipúzcoa)

Ingredientes
(para 6 personas)

1 coliflor	*12 cucharadas de aceite*	*NOTAS:*
12 patatitas pequeñas	*6 dientes de ajo*	
sal		

Preparación

1. Se cuece en abundante agua la coliflor cortada en tronchos gordos. A los 10 minutos se añaden las patatitas enteras y peladas y un poco de zumo de limón. Se deja hervir hasta que esté blando. Se saca y se escurre.

2. En el aceite se fríen los ajos fileteados y se vierte sobre la coliflor, que estará en la fuente de servicio, salándose a gusto.

CARNES, AVES Y CAZA

GUISADO DE VACA (Pensilvania)

Ingredientes
(para 6 personas)

1 kg. de vaca para guisar, cortada en trozos
1/2 taza de té de harina
2 cucharadas de mantequilla
1 taza de té de vino tinto
2 tazas de té de agua
1 diente de ajo majado
1/2 cucharadita de azúcar
1/2 cucharadita de sal
1/4 de cucharadita de pimienta
unos clavos
6 zanahorias
2 cebollas
3 nabos
pan crujiente

NOTAS:

Preparación

1. Pasar la carne por la harina y rehogar ligeramente en la mantequilla.
2. Mezclar el vino y el agua con el ajo, azúcar, sal y llevar a ebullición. Verter sobre la carne. Agregar pimienta y clavos. Cocer suavemente 2 horas.
3. Agregar las zanahorias peladas y picadas, las cebollas cortadas en cuartos, los nabos pelados y troceados y continuar la cocción hasta que todo esté tierno.
4. Servir con pan crujiente y salsa «horseradish» (de rábano picante).

CARNE ESPECIADA DE NAVIDAD (Irlanda)

Ingredientes
(para 6 personas)

1	*kg. de aleta de vaca*	1/2	*cucharadita de clavo molido*	*NOTAS:*
1	*zanahoria*	1/2	*cucharadita de pimienta*	
1	*cebolla*	1	*vasito de cerveza negra*	
1	*ramillete de hierbas (perejil, laurel, tomillo)*			

Mezcla de especias

25	*gr. de azúcar moreno*	1	*cucharadita de clavos*
1	*cucharadita de salitre*	1/2	*cucharadita de pimienta negra*
200	*gr. de sal gorda*	1	*diente de ajo*
		1	*hoja de laurel*

Preparación

1. Una semana antes prepare la mezcla para especiar la carne: Majar en el mortero todos los ingredientes de la mezcla de especias, excepto el ajo y el laurel que se majarán aparte.
2. Frotar con esto la carne. Poner en una fuente de barro o de cristal en la nevera. Hay que frotarla diariamente.
3. Lavar la carne al cabo de una semana. Secarla bien. Atarla.
4. En el fondo de una cazuela, poner la cebolla y la zanahoria peladas y troceadas y encima la carne. Espolvorear por encima el clavo y la pimienta molidos. Cubrir con un poco de agua caliente. Agregar las hierbas. Cocer suavemente 2 ó 3 horas. Al cabo de ese tiempo verter la cerveza y cocer 1/2 hora más.
5. Cuando la carne esté tierna, se puede servir caliente. Si se toma fría, colocarla una plancha de madera encima y colocar un peso. Dejar enfriar. Servirla trinchada en finas lonchas, con lombarda encurtida (véase receta en sección «verduras»).

ESCUDELLA I CARN D'OLLA (Cataluña)

Ingredientes
(para 6 personas)

300 gr. de morcillo de ternera
1/2 gallina
1 pie de cerdo
200 gr. de oreja y morro de cerdo
150 gr. de panceta
1 zanahoria
1 col rizada
1 nabo
250 gr. de butifarra negra
1 hueso de ternera
250 gr. de garbanzos
250 gr. de patata
azafrán en hebra

NOTAS:

Para la pelota

100 gr. de magro de cerdo
100 gr. de tocino graso
1 huevo
1 diente de ajo
sal
pimienta
2 cucharadas de pan rallado
unas ramitas de perejil
canela en polvo
harina

Preparación

1. El día antes se ponen a remojo los garbanzos con agua y sal.
2. En una olla grande se ponen las carnes debidamente lavadas y el hueso y se cubren de agua fría. Se lleva a ebullición.
3. En ese momento se agregan los garbanzos. Espumar.
4. Hacer la pelota: Se mezclan las carnes picadas con los demás ingredientes, menos la harina. Se le da forma de croqueta. Se enharina. Reservar.
5. Cuando la olla lleve 2 horas cociendo se agrega la butifarra, la col lavada y troceada, la zanahoria, el nabo, las patatas peladas y troceadas y la pelota. Agregar el azafrán. Salar a gusto. Cocer 1 hora más.
6. Retirar el caldo y cocer en él unos galets. Esta sopa se servirá primero. Después se servirán las carnes con las verduras y los garbanzos y la pelota en lonchas.

«BORSCHT» CLÁSICO (Ucrania)

Ingredientes
(para 12 personas)

Caldo

NOTAS:

- *3/4 de kg. de espaldilla, morcillo o falda de vaca*
- *1 hueso de jamón*
- *2 huesos de caña*
- *1 cebolla*
- *1 zanahoria*
- *10 granos de pimienta negra*
- *2 nabos medianos*
- *1 rama de apio*
- *1 «bouquet garni» (perejil, laurel, tomillo)*
- *sal*

Sopa

- *600 gr. de remolacha*
- *4 patatas medianas*
- *450 gr. de tomates colorados*
- *sal*
- *1 vasito de aceite*
- *1 gran cebolla*
- *1 zanahoria grande*
- *1 pimiento verde grande*
- *1 repollo rizado*
- *2 limones*
- *3 cucharadas de tomate frito*
- *5 ciruelas pasas*
- *1 cucharadita de azúcar*
- *pimienta negra molida*
- *4 dientes de ajo*
- *unas ramas de perejil*
- *unas ramas de eneldo*
- *crema agria (se le agrega un poco de zumo de limón)*

Preparación

1. Cocer en la olla a presión las remolachas 3/4 de hora.
2. En una olla grande poner las carnes y huesos con 2 litros de agua a cocer, espumando a menudo. Agregar los demás ingredientes del caldo, tapar y cocer de 45 minutos a 1 hora, hasta que la carne esté tierna.
3. Cuando las remolachas estén templadas, pelarlas y cortarlas en cuadraditos.

4. Cuando esté el caldo, sacar las carnes y huesos. Colarlo y echarlo en un puchero y llevarlo a ebullición. Incorporar las patatas peladas y troceadas en pedazos gordos, y los tomates pelados y picados. Salar. Cocer hasta que las patatas estén casi blandas.

5. Mientras cuece la sopa, en una sartén poner el aceite y rehogar la zanahoria cortada en juliana, la cebolla picada y el pimiento sin semillas picado, hasta que esté «al dente». Agregar el repollo cortado en cuartos y luego picado, hasta que se ablande. Añadirlo a la sopa.

6. Bañar las remolachas con zumo de limón e incorporarlas a la sopa.

7. Añadir los tomates y patatas, las ciruelas deshuesadas y picadas. Sazonar con sal, azúcar, pimienta y ajo picado. Echar el tomate frito. Cocer 10 minutos.

8. Cortar la carne en trozos y la carne del hueso de jamón. Añadirlas a la sopa.

9. Quitar el «borscht» del fuego. Espolvorear el perejil y el eneldo picado. Dejar reposar 1/4 de hora. Servir con la crema agria, que se consigue mezclándola con el zumo de un limón y dejándola reposar 10 minutos. Cada comensal se servirá la cantidad precisa con el «borscht».

COCHINILLO ASADO (Castilla)

Ingredientes
(para 4 personas)

1 cochinillo de unos 4 kg., abierto por la mitad
tomillo
espliego
manteca
ron
sal

NOTAS:

Preparación

1. Poner el cochinillo en una fuente de horno, bien limpio y salado a gusto. Se unta con un poquito de manteca. Se asa con la piel hacia arriba. Asarlo 1 hora, y al cabo de este tiempo darle la vuelta y asarlo 3/4 de hora más.

2. En la fuente se coloca el tomillo y el espliego, se prende el ron y se rocía el cochinillo con él. Servirlo en seguida.

CERDO A LA MIEL Y A LA MOSTAZA (Gran Bretaña)

Ingredientes
(para 10 personas)

1 pierna de cerdo de unos 3 a 4 kg.
1 diente de ajo
5 cucharadas de mostaza de Dijon
5 cucharadas de miel
2 cucharadas de aceite
1 pellizco de tomillo mejorana y soja
1 pellizco de jengibre
sal
pimienta recién molida

NOTAS:

Preparación

1. El día antes quitar la corteza del cerdo con un cuchillo pequeño y afilado.
2. Colocar la pata en una fuente de horno en la que habremos colocado papel de aluminio suficiente para poder envolver la pata.
3. Frotar la carne con el ajo. Mezclar la mostaza, miel, aceite, hierbas y jengibre. Sazonar con mucha pimienta y extender bien por toda la pata.
4. Al día siguiente, envolver la pierna en el aluminio y asar a horno medio-fuerte 60 minutos por 450 gramos, más 25 minutos extras. Los últimos 35 minutos abrir el papel de aluminio, bañarla con su jugo y tostarla.
5. Cortar la piel en tiras con una tijera, ponerla en una fuente de horno, extender por encima con un pincel algo de aceite y hornear hasta que esté crujiente.
6. Servir el cerdo con la corteza y una salsa de arándanos.

JAMÓN EN DULCE (Estados Unidos)

Ingredientes
(para 12 ó 14 personas)

1 *jamón de York de unos 4 kg. más o menos*
1 *botella de champagne o cava*
100 *gr. de clavo*
200 *gr. de azúcar moreno y blanco, mitad y mitad*
1 *lata grande de rodajas de piña en su jugo*
Bovril
Maizena
1 *cucharada de concentrado de tomate*
mantequilla
mostaza Colman
vinagre

NOTAS:

Preparación

1. Con un cuchillo hacer un cuadriculado encima del jamón por toda la superficie y en cada punta poner un clavo.
2. Hacer un caramelo con la mitad de los azúcares y un poco de agua. Untar todo el jamón con él.
3. Calentar el horno a temperatura fuerte y meter el jamón. Dejar 1/4 de hora hasta que se dore bien por todos lados. Bajar el horno.
4. Hacer una mezcla con el resto de los ingredientes, excepto el champagne y la piña, ya que sólo echaremos el jugo, el Bovril y la Maizena. Verterlo sobre el jamón. Dejarlo en el horno 3/4 de hora. Echarle la mitad de la botella de champagne. Regarlo a menudo con su jugo. A mitad de la cocción se vierte el resto del champagne.
5. Sacar del horno. Retirarlo de la fuente. Echar la salsa en un cazo y añadir una cucharada de Bovril, y se espesa con una cucharada de Maizena desleída en un poco de agua. Servirlo con las rodajas de piña rehogadas en un poco de mantequilla, espinacas a la crema y puré de manzana. Acompañar con la deliciosa salsa. Quitar los clavos cuando lo vamos trinchando.

JAMÓN AL MADEIRA (Estados Unidos)

Ingredientes
(para 12 personas)

1 lacón de unos 3 ó 4 kg.	*1 diente de ajo*	*NOTAS:*
2 y 3/4 de l. de caldo de carne	*8 patatas medianas*	
2 cebollas medianas	*1 cucharada de harina*	
4 zanahorias	*2 cucharadas de agua*	
3 chalotas	*pimienta*	
2 vasos de madeira	*1 cucharada de mantequilla*	
2 1/2 vasos de agua		

Preparación

1. Tener el jamón remojado en agua 24 horas. Luego hervir 4 horas y 1/4 en agua. A continuación escurrir y volver a hervir en el caldo de carne, tapado, 1 hora y 1/2. Dejarlo enfriar en el caldo. Con un cuchillo afilado quitar la corteza y el gordo y reservar.

2. Calentar el horno a temperatura fuerte. Pelar las cebollas, zanahorias y chalotas. Cortar en rodajas las cebollas y chalotas. Rallar las zanahorias. Poner un poco de la grasa del jamón en una fuente de horno, meterla en éste y derretir. Incorporar las verduras y hornear hasta que estén tiernas.

3. Verter sobre ellas el madeira y los 2 y 1/2 vasos de agua. Añadir el ajo majado. Colocar el jamón. Agregar las patatas peladas y cortadas por la mitad. Reducir el calor. Hornear 2 horas, dándole la vuelta cada 30 minutos para que el jamón se dore por entero. Bañar frecuentemente con su jugo. Cuando pinchando alrededor del hueso éste se desprende con facilidad, está hecho.

4. Sacar del horno y apartar el jamón y las patatas, envolverlo en papel de aluminio para mantener el calor.

5. Verter el jugo en una cacerola. Agregar la harina disuelta en 2 cucharadas de agua. Dar un hervor. Pimentar a gusto (no hace falta salar). Fuera del fuego añadir la mantequilla. Batir. Servir acompañando al jamón y las patatas.

JAMÓN FRÍO CON GELATINA CUMBERLAND (Gran Bretaña)

Ingredientes
(para 12 ó 14 personas)

1 jamón tipo lacón de unos 4 kg.	*pan rallado*	*NOTAS:*
1 hoja de laurel	*clavos*	
2 granos de pimienta	*azúcar moreno*	
	mostaza Colman	
	sidra	

Gelatina Cumberland:

1/2 tarro de jalea de grosellas	*1 cucharada de mostaza Colman*
la piel de 1 naranja y 1 limón	*1 dl. de oporto*
el zumo de 2 naranjas y 1 limón	*12 gr. de gelatina en polvo o*
	2 hojas de gelatina finita
	2 cucharadas de Cointreau

Preparación

1. Lavar bien el jamón. No quitarle la corteza. Remojar en agua 24 horas, cambiándole el agua varias veces.

2. Cubrir el jamón con agua fría y llevar suavemente a ebullición. Cambiar el agua.

3. Agregar las verduras, laurel y pimienta y llevar de nuevo suavemente a ebullición. Cocer suavemente tapado 1 hora por 1/2 kg. Dejarlo enfriar en su propio jugo. Dejarlo una noche en reposo.

4. Quitar la corteza con un cuchillo afilado. Rebozarlo en pan rallado. Picar de clavos. Frotarlo con una mezcla de azúcar moreno y mostaza Colman y dorarlo al horno, rociándolo con sidra. Servirlo frío con la gelatina Cumberland.

5. Hacer ésta: Cortar la piel de naranja y limón, que no tendrán nada de piel blanca, en juliana. Escaldar unos minutos.

6. Mezclar la jalea de grosellas con los zumos de frutas y hervir hasta que se disuelva. Añadir la mostaza.

7. Remojar la gelatina si fuese en hojas, y escurrir y poner a cocer, ya sea en hojas o en polvo, con el oporto y el Cointreau hasta su disolución. Agregar a la mezcla de jalea. Dejar enfriar. Antes de que se cuaje ponerla en la salsera y agregarle la juliana de corteza de fruta.

JAMÓN TIPO PRAGA (Francia)

Ingredientes

1 jamón tipo Praga de unos 3 a 4 kg.
Caldo (véase receta de «Tortellini en caldo»)
nuez moscada
jengibre
clavos
salvia

NOTAS:

Preparación

1. Calentar el caldo añadiéndosele las especias y las hierbas reseñadas en los ingredientes.

2. El jamón habrá estado en remojo en agua fría un mínimo de 24 horas, cambiándosele el agua varias veces. Cocer en el caldo 60 minutos por 1/2 kg.

3. El jamón se corta en finas lonchas y se sirve con purés diversos. Frío se puede servir con pepinillos en vinagre y una ensalada de patatas a las hierbas.

CORDERO ASADO (Castilla)

Ingredientes
(para 6 personas)

3 kg. de cordero lechal
5 cucharadas de manteca de cerdo
sal

NOTAS:

Preparación

1. Cortar el cordero en cuartos. Colocar, con la piel hacia abajo, el cordero en una fuente de horno con 2 dl. de agua en el fondo. Sazonar con sal y untar con la manteca. Asar a horno moderado 1 hora y 1/2. Entonces dar la vuelta y regar con la manteca fundida. Asar 1 hora y 1/2 más. Añadir algo de agua a lo largo de la cocción.

CABRITO ASADO (Canarias)

Ingredientes
(para 4 personas)

1 cabrito de unos 2 kg.
1 cebolla
6 mazorcas de maíz
1 kg. de patatas pequeñas
1 cabeza de ajos
1 vaso de vino blanco
2 cucharadas de almendras
caldo
aceite
sal

NOTAS:

Preparación

1. Untar el cabrito con los ajos machacados, con el vino y un chorreón de aceite. Se pondrá entero y abierto en una fuente de horno y lo asaremos 2 horas.

2. Picar la cebolla, mezclarla con un vaso de caldo y las almendras peladas y molidas. Agregar un poco de maíz molido. Dar un hervor. Agregar las patatas peladas y doradas en una sartén y las mazorcas de maíz. Cuando estén tiernas, añadir todo esto a la fuente del cabrito y servir todo junto.

OCA RELLENA (Polonia)

Ingredientes
(para 8 personas)

1 oca de 3 a 4 kg.	*3 dl. de brandy*	*NOTAS:*
2 kg. de manzanas	*1 tarro de jalea de grosella*	
400 gr. de ciruelas pasas sin hueso	*sal*	
400 gr. de pasas	*pimienta*	

Preparación

1. Tener a remojo las ciruelas y las pasas en el brandy.
2. Limpiar la oca. Flambearla. Rellenarla con las frutas que estaban a remojo bien escurridas. Salpimentarla por dentro y por fuera. Coserla.
3. Asarla 3/4 de hora por 1/2 kg. de peso. Bañarla con su jugo frecuentemente.
4. Veinte minutos antes de finalizar la cocción, rodear la oca con las manzanas peladas y despepitadas. En el momento de servir, rellenarlas con la jalea.

GANSO RELLENO (Escandinavia)

Ingredientes
(para 8 personas)

1 ganso joven de unos 3 a 4 kg.	*6 manzanas, peladas y despepitadas*	*NOTAS:*
1/2 limón	*15 ciruelas pasas remojadas*	
sal	*1 cebolla*	
pimienta recién molida		

Preparación

1. Calentar el horno. Lavar el ganso bajo el chorro del agua. Secarlo con papel absorbente de cocina. Frotarlo por dentro y por fuera con el limón cortado por la mitad. Salpimentarlo por dentro y por fuera y rellenarlo con las frutas picadas y la cebolla cortada en 4. Cerrarlo con palillos o cosiendo con un cordel y aguja gorda.

2. Hornear el ganso en fuente abierta. Asar unas 3 ó 4 horas. Para saber si está hecho, pinchar el muslo con un cuchillo, el jugo debe ser amarillo. Si es rosa, asar 10 minutos más. Dejar reposar en el horno apagado 15 minutos más.

3. Colocar el ganso, quitar los palillos o cordel. Sacar el relleno, que no se utilizará pues tendrá demasiada grasa. Servirlo con la lombarda braseada y las patatas caramelizadas. Ambas recetas se han dado en el capítulo de verduras.

OCA NAVIDEÑA (Europa central)

Ingredientes
(para 8 personas)

1 oca de 4 y 1/2 kg.
sal
pimienta recién molida

1,400 kg. de patatas
2 cebollas medianas
2 cucharadas soperas de harina
3 dl. de caldo

NOTAS:

Relleno

50 gr. de mantequilla
1 cebolla mediana
1/2 diente de ajo
2 manzanas peladas y despepitadas
225 gr. de bacón

75 gr. de pan rallado
50 gr. de nueces picadas
1 cucharada de miel
1 huevo
sal
pimienta

Preparación

1. Pedirle al pollero que prepare la oca para asar.

2. Relleno: Sofreír la cebolla picada en la mantequilla hasta que esté transparente. Añadir el ajo machacado, la manzana picada, el bacón picado y sofreír 15 minutos lentamente. Sazonar. Retirar del fuego y añadir los restantes ingredientes, mezclando bien. Dejar enfriar.

3. Encender el horno a temperatura media-fuerte.

4. Rellenar el ave con el relleno, si no cabe todo, no importa. Coserla con un cordel. Pinchar toda la oca con un tenedor. Salpimentar. Ponerla en una fuente de horno y asarla unos 3/4 de hora por 1/2 kg.

4. Pelar las patatas y cebollas y cortar en rodajas. Cuando la oca lleve 2 horas y 3/4, colocar las patatas y cebollas debajo, quitando algo de grasa. Seguir asando hasta que la oca esté tierna. A los 45 minutos quitar las patatas y cebollas y ponerlas en otra fuente. Reservar.

5. Cuando la oca esté, sacar el jugo de la fuente, ponerlo en una cacerola, espolvorear la harina. Remover. Hacer un «roux». Agregar el caldo, llevar a ebullición, salpimentar y servir con la oca, así como las patatas y cebollas.

GANSO CON RELLENO DE «CHOUCROUTE» (Alsacia)

Ingredientes
(para 8 personas)

1 ganso
600 gr. de tocino salado
2 cebollas
3 manzanas reineta
1 lata grande de «choucroute»
canela
5 cucharadas de azúcar moreno
sal
pimienta recién molida
tomillo
bayas de enebro

NOTAS:

Preparación

1. Cortar en cuadraditos el tocino. Agregar la cebolla picada. Cuando estén transparentes agregar las manzanas cortadas y peladas. Cuando estén doradas añadir el azúcar moreno, pimienta, tomillo y bayas de enebro. Quitar del fuego. Escurrir el «choucroute» y agregar a la mezcla.

2. Lavar el ganso por dentro y por fuera. Frotarlo por dentro y por fuera con sal y pimienta. Rellenarlo con la farsa de choucroute. Coserlo con cordel y aguja gorda. Pincharlo por entero con un tenedor. Frotarlo con tomillo.

3. Asarlo a horno moderado unos 60 minutos por 1/2 kg. Bañar con su jugo frecuentemente. Agregar agua caliente a lo largo de la cocción. Ir quitando la grasa cuando se acumula en la superficie.

3. Servir el ganso trinchado sobre un lecho de choucroute, salchichas y jamón de York.

CAPÓN A LA CATALANA (Cataluña)

Ingredientes
(para 6 personas)

1 capón con su hígado
12 cebollitas francesas
100 gr. de jamón serrano
manteca de cerdo
100 gr. de ciruelas pasas
100 gr. de orejones
100 gr. de piñones
1 tarrito de trufa
100 gr. de pasas
1 vaso de vino rancio
tomillo
perejil
sal
pimienta

NOTAS:

Preparación

1. Poner a remojo las frutas secas.

2. En una sartén rehogar con la manteca las frutas escurridas y picadas, el hígado, las hierbas y el jamón picado. Verter un poco de vino rancio.

2. El capón bien limpio, salado por dentro y por fuera, lo bañamos en algo de vino rancio. Lo dejamos reposar mientras se enfría el relleno.

3. Rellenamos el capón con la farsa, a la que habremos agregado los piñones, la trufa y su jugo. Coser la abertura.

4. Untar todo el capón con manteca. Ponerlo en una fuente de horno untada también de manteca.

5. Asar el capón 1/2 hora por 1/2 kg. Bañar a mitad de cocción con vino rancio y darle la vuelta. Verter su jugo por encima varias veces y echarle un poquito de canela.

6. Servirlo con las cebollitas cocidas y su relleno, el jugo en salsera.

CAPÓN DE VILLALBA (Galicia)

Ingredientes
(para 8 personas)

1 capón de 3 kg.
100 gr. de bacón en finas lonchas
manteca de cordero
1/2 vaso de brandy
1/2 l. de caldo (véase receta de «Tortellini en caldo»)
1/2 l. de vino blanco
sal
pimienta

NOTAS:

Preparación

1. Limpiar bien el capón; salpimentarlo por dentro y por fuera. Picar una loncha de bacón y meterla dentro del capón así como un poco de brandy.
2. Envolver el capón en las lonchas de bacón y atarlo.
3. Meter al horno con la grasa y, una vez dorado, verter el vino y más adelante el caldo; asarlo unas 3 horas. Bañar frecuentemente con su jugo.
4. Servir con su salsa y patatas asadas.

CAPÓN ASADO (Guipúzcoa)

Ingredientes
(para 6 personas)

1 capón de 2 ó 3 kg.
1 copa de coñac
200 gr. de tocino de jamón
200 gr. de manteca de cerdo
1 vasito de vino blanco
1 cacillo de caldo de carne
sal

NOTAS:

Preparación

1. El capón debe llevar muerto tres días. Limpiarlo bien, vaciarlo y prepararlo para asar. Salarlo por dentro y por fuera.

2. Colocarlo en una fuente de horno. Bañar su interior con una copita de coñac y poner un poco de tocino picado. El resto se pondrá en la fuente de horno.

3. Frotar con abundante manteca. Hornear a temperatura moderada unas 2 horas y 1/2 a 3. Cubrirlo con papel de barba untado con manteca si vemos que se quema. Bañarlo con frecuencia con su grasa.

4. Servir cortado en trozos, la pechuga en lonchas, y con su jugo pasado por el chino, en salsera.

CAPÓN A LA TRUFA (Francia)

Ingredientes
(para 6 personas)

1	*capón de Bresse de unos 4 kg. con sus despojos*	2 y 1/2	*dl. de caldo hecho con sus despojos*	NOTAS:
1	*latita de «foie» de oca o de pato*	1	*cucharadita de mostaza de Dijon*	
1	*lata de trufas*	6	*rodajas de pan de molde*	
150	*gr. de mantequilla*	*coñac*		

Preparación

1. La noche antes, cortar las trufas en finas láminas e introducirlas bajo la piel del capón con mucho cuidado. Envolver en un paño húmedo y guardar en la nevera una noche.

2. Al día siguiente, atarlo bien, salpimentarlo y asarlo a la «broche» o en fuente de horno, bien untado de mantequilla de excelente calidad. Asar unas 4 horas.

3. Sacarlo del horno y desengrasar su jugo con el caldo (guardaremos el hígado del capón).

4. Hacer una crema con el «foie» de pato, el hígado del capón rehogado con mantequilla y unas gotas de coñac. Batir con un poquito de mantequilla y la mostaza. Untar el pan de molde tostado con esto y acompañar el capón bañado con algo de salsa y el resto servido en salsera.

PAVO TRADICIONAL (Gran Bretaña)

Ingredientes
(para 12-14 personas)

1 pavo de unos 6 a 9 kg. (a poder ser de corral) preparado para asar con su hígado
mantequilla
pimienta recién molida
50 gr. de bacon en finas lonchas

NOTAS:

Relleno
(Más adelante se dan dos tipos de relleno)

Preparación

1. Limpiar bien el pavo por dentro y por fuera.
2. Encender el horno con antelación a temperatura fuerte.
3. Salpimentar por dentro y por fuera.
4. Utilizaremos un relleno para el buche y otro para la cavidad de la tripa.
5. Una vez relleno, ataremos bien los muslos, pondremos las alas bien dobladas bajo la pechuga y cubriremos ésta con las rodaja de bacón.
6. Lo colocaremos en una gran pavera, y si no tenemos, en la misma bandeja de horno.
7. Con un pincel, lo untaremos todo entero con mantequilla derretida.
8. Meterlo al horno, y si no tenemos la pavera adecuada con tapadera, lo taparemos con papel de aluminio, destapándolo los últimos 45 minutos para que se dore. Bañarlo frecuentemente con su caldo.
9. Cuando el pavo esté asado, al pincharlo en el muslo el líquido será amarillo claro, lo dejaremos reposar 15 minutos antes de trincharlo.
10. El tiempo de cocción será de 40 minutos por 1/2 kg., asándolo 20 minutos extras.
11. Servirlo acompañado de salsa de arándanos salvajes (pueden ser arándanos normales, más fáciles de encontrar), su propia salsa, un gratinado de nabos y zanahorias, patatas asadas, que se asarán a la vez que el pavo, o cualquiera de las verduras que damos en el apartado de sopas y verduras. Servir también los rellenos.

RELLENO DE CARNE

600 gr. de mitad y mitad de magro de cerdo y vaca picado
100 gr. de grasa de oca o de cerdo
1 cucharada de mantequilla
1 cebolla mediana
el hígado del pavo
hierbas para carne
1 huevo
1 puñado de pistachos
sal
pimienta

NOTAS:

Preparación

1. Picar la cebolla y rehogarla en la mantequilla. Incorporar el hígado troceado.
2. En un cuenco mezclar todas las carnes, el huevo, la cebolla con el hígado, las hierbas y los pistachos pelados. Salpimentar abundantemente.
3. Rehogarlo en la grasa de oca o cerdo.
4. Rellenar una de las cavidades con esto y cerrarla con palillos.

RELLENO DE CASTAÑAS Y ARROZ

1 cebolla
2 dientes de ajo
2 cucharadas de aceite
30 gr. de arroz integral
110 gr. de castañas asadas y peladas
1/2 l. de caldo (véase receta de «Tortellini en caldo»)
1 huevo
sal
pimienta
85 gr. de arroz blanco
1 zanahoria
tomillo
perejil

NOTAS:

Preparación

1. Freír suavemente la cebolla y el ajo picados, hasta que la cebolla esté transparente. Añadir el arroz integral, las castañas picadas y el caldo caliente y hervir suavemente 25 minutos. Añadir el arroz blanco y cocer 10 minutos más

2. Enfriar y agregar la zanahoria pelada y rallada, las hierbas y el huevo batido. Sazonar a gusto con sal y pimienta.

3. Rellenar la otra cavidad con este relleno.

SALSA DE ARÁNDANOS SALVAJES

340 gr. de arándanos en almíbar, o frescos o congelados
170 gr. de azúcar moreno
la piel rallada y el zumo de una naranja
1 dl. de oporto oscuro
1 pellizco de «4 especias»
pimienta negra recién molida
sal

NOTAS:

Preparación

1. Colocar todos los ingredientes en una cacerola (si los arándanos fuesen congelados, debidamente descongelados) y llevar a ebullición cociendo suavemente unos 20 minutos.

GRATINADO DE NABOS Y ZANAHORIAS

700 gr. de zanahorias
700 gr. de nabos
2 cebollas medianas
40 gr. de mantequilla o margarina
40 gr. de harina
1/2 l. de nata
1 huevo
sal
pimienta
nuez moscada
30 gr. de queso rallado

NOTAS:

Preparación

1. Pelar y picar las zanahorias y nabos.
2. Calentar el horno.
3. Picar las cebollas. Escaldar las verduras. Escurrir.
4. En una cacerola hacer un «roux» con la mantequilla y la harina. Fuera del fuego agregar la nata. Volver al fuego y llevar suavemente a ebullición. Dar un hervor hasta que espese. Dejar templar.
5. Incorporar en la bechamel las verduras, el huevo batido y salpimentar. Poner en una fuente de horno y cubrir con el queso rallado. Hornear 45 minutos a temperatura media.

PAVO RELLENO CON MANZANAS

Ingredientes
(para 8 personas)

NOTAS:

- *1 pavo de 5 kg. preparado para asar, con sus despojos*
- *100 gr. de manteca*
- *100 gr. de pasas*
- *2 cebollas*
- *100 gr. de bacón*
- *100 gr. de piñones*
- *1/2 l. de buen vino blanco seco*
- *caldo hecho con los despojos*
- *1 zanahoria*
- *1 puerro*
- *perejil*
- *laurel*
- *tomillo*
- *1 copa de fino*
- *sal*
- *pimienta*
- *2 y 1/2 kg. de manzanas reinetas*
- *1 limón*
- *1/2 kg. de patatas pequeñas*

Preparación

1. Hacer un caldo en la olla a presión con los despojos del pavo, la zanahoria, el puerro, la cebolla, las hierbas, sal y pimienta y 3/4 de litro de agua. Cocer a presión 1/2 hora.
2. Hacer el relleno; rehogar las cebollas picadas, a las que añadiremos el bacón picado. Dejar 5 minutos a fuego suave.
3. En un bol mezclar 2 manzanas picadas con las pasas, piñones y el rehogado. Salpimentar. Rellenar el pavo por el buche y coser con aguja y cordel.
4. Se ata el pavo, se salpimenta y se unta con manteca. Se introduce en una pavera si se tiene y si no en la bandeja del horno y se hornea en horno previamente caliente a temperatura media 40 minutos por 1/2 kg. Se deja algo más según la dureza del pavo. A mitad de cocción se vierten 2 vasos de caldo y 1/2 l. de vino blanco y el fino. Se le da la vuelta y, si estaba tapado, destaparlo para que se dore.
5. Mientras se hace el pavo, pelar, cortar las manzanas y cocerlas en un poquitín de agua y el zumo de 1 limón a fuego suave. Dejarlas 20 minutos.
6. 40 minutos antes de que esté el pavo, introducir en el horno las patatas enteras sin pelar.
7. Servir el pavo trinchado, acompañado de su salsa, las patatas, las manzanas y el relleno.

PAVO RELLENO (Extremadura)

Ingredientes
(para 8-10 personas)

1 pavo de unos 7 kg. desplumado y preparado para asar
1 cabeza de ajo
1 buen manojo de perejil
manteca
sal
100 gr. de jamón serrano
100 gr. de ternera picada
100 gr. de chorizo
7 huevos duros
1 l. de vino blanco

NOTAS:

Preparación

1. Se limpia el pavo por dentro y por fuera.
2. Se majan en el mortero los ajos pelados y el perejil. Se sofríe la ternera, el jamón y el chorizo picados. Se mezcla con los huevos picados.
3. Se rellena el pavo, se sala y se unta bien todo él con manteca. Se asa a horno fuerte 40 minutos por 1/2 kg. A mitad de cocción se rocía con vino y se baña frecuentemente con su caldo. Se sirve muy caliente, trinchado, con su relleno.

PAVO DESHUESADO RELLENO (España)

Ingredientes
(para 8 personas)

1 pavo de 4 kg. deshuesado
1 kg. de magro de cerdo picado
3 cucharadas de pasas
1 vasito de fino
50 gr. de miga de pan de molde integral
100 gr. de jamón serrano picado
2 huevos grandes
1 vasito de vino rancio
1 vasito de leche
sal
pimienta
canela en polvo
1/2 l. de caldo
aceite

NOTAS:

Preparación

1. Calentar el horno a temperatura fuerte.

2. Poner a remojo las pasas en el fino. Poner a remojo en la leche la miga del pan.

3. En un gran bol mezclar la carne, las pasas con su fino, la miga de pan escurrida, los huevos batidos, el jamón, la canela, sal y pimienta.

4. Rellenar el pavo por la parte trasera. Cerrar por delante cubriendo con la piel del cuello y coser con un cordel y aguja gorda. Coser también por la parte trasera. Atar los muslos.

5. Colocarlo en una pavera o en la bandeja del horno. Verter por encima un poco de aceite y salar. Asar el pavo, bajando el horno a la 1/2 hora, unas 4 horas. A mitad de la cocción verter el vino rancio. Regar frecuentemente con su jugo.

6. Salsa: Poner la bandeja o pavera en los fogones, verter el caldo y rascar el fondo de la fuente con cuchara de madera. Reducir a la mitad. Sazonar. Verterlo en salsera.

7. Con un cuchillo muy afilado o con el cuchillo eléctrico cortar en rodajas el pavo, que habremos dejado reposar 20 minutos. Acompañar de alguna verdura del capítulo de verduras. Se puede servir frío.

PAVITA AL CHAMPAGNE (Champagne)

Ingredientes
(para 6 personas)

NOTAS:

- 1 *pavita de unos 2 y 1/2 kg.*
- 250 *gr. de cebollas*
- 2 *zanahorias*
- 1 *ramita de perejil*
- 1 *botella de champagne brut*
- 1/4 *l. de nata*
- 1 y 1/2 *kg. de castañas*
- 250 *gr. de ternera picada*
- 1 *huevo*
- 175 *gr. de mantequilla*
- 1 *vasito de coñac*
- 1 *tarrito de trufa*
- *sal*
- *pimienta*
- *grosellas en almíbar*
- 3 *cucharadas de jalea de grosellas*

Preparación

1. Hacer una incisión a las castañas y asarlas 20 minutos. Sacarlas del horno y pelarlas en caliente. Cocerlas 15 minutos en agua hirviendo. Escurrirlas.
2. Rehogar la ternera en 50 gr. de mantequilla. Mezclarla con 1/4 kg. de castañas picadas, la trufa picada, el huevo batido, el coñac, la sal y pimienta. Rellenar la pavita con esta farsa. Coserla.
3. En una cazuela grande, rehogar las verduras troceadas en 50 gr. de mantequilla. Poner la pavita en la cacerola. Dorarla primero por un lado y luego por el otro. Mojar con la mitad del champagne. Salpimentar. Cubrir y cocer 2 horas y 1/2.
4. Mientras tanto rehogar el resto de las castañas en el resto de la mantequilla; salpimentar.
5. Cuando la pavita esté tierna, sacarla y dejar reposar.
6. El jugo de la cocción ponerlo en una cacerola. Reducir. Añadir la nata y hervir 5 minutos.
7. Trinchar el ave. Servirla rodeada de las castañas y el relleno.
8. Dar un hervor a las grosellas con la jalea. Servirlas también. La salsa irá en salsera.

FAISÁN AL «FOIE-GRAS» (Francia)

Ingredientes
(para 6 personas)

NOTAS:

- 2 *faisanes hermosos, desplumados y preparados para asar, con sus hígados*
- 100 *gr. de paté de «foie-gras»*
- *unas lonchas de tocino*
- 6 *rodajas de pan de molde*
- 100 *gr. de mantequilla*
- 4 *cucharadas de aceite*
- 1 *vasito de coñac*
- *sal*
- *pimienta*

Preparación

1. Salpimentar los faisanes por dentro y por fuera. Introducir en el interior unas cucharadas de «foie». Coser la abertura. Envolver los faisanes en tocino y atarlos.
2. Calentar el horno a temperatura fuerte. Colocar los faisanes en la bandeja del horno sobre la rejilla y meterlos al horno. Al cabo de 1/2 hora bajar la temperatura. Dar la vuelta a los faisanes a media cocción.
3. Mientras tanto, dorar el pan de molde en el aceite y la mantequilla reservando 1 cucharada de ésta.
4. Rehogar los hígados de las aves en la mantequilla, aplastarlos y mezclarlos con el resto del paté de «foie». Untar el pan con esto.
5. Cuando los faisanes estén, calcular más o menos 2 horas y 1/2, sacarlos con la bandeja del horno. Verter el coñac y flambear.
6. Trinchar los faisanes en 4 y colocarlos sobre el pan frito. Recoger el jugo que han soltado al trincharlos. Verterlo en la bandeja de horno donde tenemos el jugo de cocción.
7. Poner al fuego la bandeja, verter un poquito de agua y frotar el fondo para despegar la sustancia.
8. Echar una cucharada de salsa sobre los faisanes y el resto servirlo en salsera acompañando a los faisanes. Acompañar de puré de castañas. (Véase en capítulo «Sopas y Verduras».)

PINTADA EN SALSA DE ALMENDRAS

Ingredientes
(para 4 personas)

- 2 *pintadas de 700 gr.*
- *sal*
- *pimienta recién molida*
- 1 *cucharadita de mejorana*
- 75 *gr. de mantequilla*
- 8 *lonchas de bacón*
- 1 *diente de ajo*
- 50 *gr. de almendras peladas*
- 1 *cucharada de fino*
- 1/4 *l. de nata*

NOTAS:

Preparación

1. Limpiar las aves por dentro y por fuera. Sazonarlas por dentro y por fuera con sal, pimienta y mejorana.

2. Envolver las pintadas en el bacón; atarlas con bramante. Untarlas con mantequilla.

3. En una cazuela grande poner las aves y dorar de un lado y luego del otro unos 20 minutos. Cuando lleven 40 minutos al fuego, echar el ajo picado y las almendras picadas. Incorporar el fino y la nata y dejar 10 minutos más. Al pinchar las aves deben estar tiernas.

4. Servir las pintadas cortadas por la mitad con la salsa. Acompañar de puré de manzanas. (Véase receta de «"Foie-gras" fresco con puré de manzanas».)

FAISÁN A LAS UVAS (España)

Ingredientes
(para 6 personas)

2	*faisanes desplumados*	1	*cebolla*	NOTAS:
100	*gr. de bacón*	1	*vaso de brandy*	
150	*gr. de manteca*	1	*vaso de fino*	
150	*gr. de mantequilla*	1	*vaso de vino blanco*	
	sal	1	*racimo*	
	pimienta		*de uva Moscatel*	

Preparación

1. Los faisanes se limpian por dentro y por fuera; se salpimentan. Se envuelven en el bacón y se atan.

2. Se colocan en un recipiente untado de manteca y añaden unos trocitos de manteca por encima. Se pone al fuego tapado y se dejan por espacio de 1 hora y 1/2. Se riegan con su jugo frecuentemente.

3. A media cocción se agregan la mitad de las uvas. Se riega con el vino blanco y el brandy.

4. Mientras tanto en una cacerola se rehoga la cebolla bien picada hasta que esté transparente. Se agregan el resto de las uvas peladas y sin pipas. Se añade el fino. Se flambea. Se vierte la nata. Se da un hervor.

5. Cuando estén tiernos los faisanes, se sacan. La salsa se pasa por el chino y se mezcla con las uvas con nata. Se salpimenta a gusto.

6. Se sirven los faisanes trinchados con la salsa con uvas. Acompañar de una lombarda de cualquier receta de las reseñadas en el capítulo de verduras.

«ZAMPONE» CON LENTEJAS (Italia)

Ingredientes
(para 6 personas)

1 lacón de unos 3 kg.	*albahaca*	*NOTAS:*
1/2 kg. de lentejas	*2 tomates*	
3 cucharadas de aceite	*1 cebolla*	
	sal	

Preparación

1. El día antes poner a remojo el lacón y las lentejas por separado. Agujerear la piel del lacón con aguja de punto unas cuantas veces. Cocer envuelto en un paño unas 6 horas.

2. Cocer las lentejas en agua con sal. A mitad de cocción quitar el agua suficiente para que sólo las cubra, añadir los demás ingredientes picados. Seguir cociendo hasta que estén tiernas. Servir todo junto.

TRES FAMOSOS DE LUJO

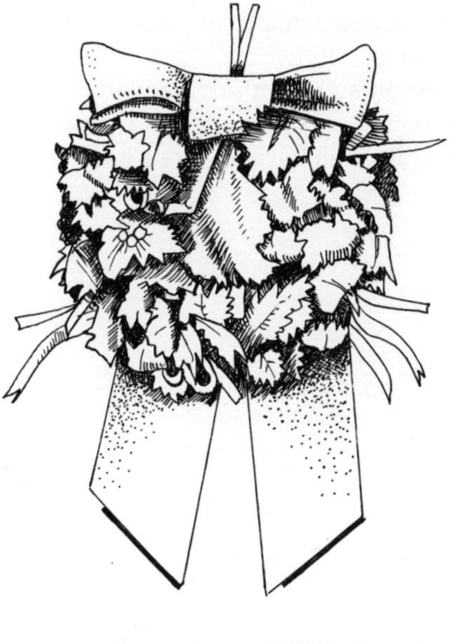

BESUGO ASADO (Madrid)

Ingredientes
(para 4 personas)

1 besugo de 1 kg. desescamado y sin tripas
2 limones
1 vaso de vino blanco
1 dl. de aceite
1 dl. de puré de tomate
40 gr. de pan rallado
1 hoja de laurel
3 dientes de ajo
1 ramillete de perejil
pimienta molida
sal

NOTAS:

Preparación

1. En la mitad del aceite se fríe el puré de tomate, salar y poner la hoja de laurel.

2. Majar en el mortero el ajo, el perejil y luego mezclarlo con el pan rallado.

3. Poner el besugo en una besuguera o fuente, hacerle unas incisiones en la superficie y ahí poner unas rodajas de limón partidas por la mitad y regarlo con el resto del zumo de limón. Salpimentarlo. Dejarlo 1/2 hora en reposo.

4. En una besuguera, y si no tenemos, en una fuente, de horno alargada con aceite, colocar el besugo y rociarlo con más aceite. Meterlo al horno.

5. Al cabo de 5 minutos agregar la mitad del vino. Al cabo de 1/4 de hora el puré de tomate. Acto seguido se extiende por la superficie el pan rallado. Verter el resto del vino blanco y asarlo 5 minutos más.

6. Pasarlo a una fuente con cuidado, si no tenemos el colador de la besuguera, cogiéndolo con dos espumaderas. Se calienta el jugo de la cocción y se reduce. Se vierte sobre el pescado y se sirve.

BESUGO NAVIDEÑO

Ingredientes
(para 4 personas)

1 besugo de 1 kg.
2 cebollas
1 limón
3 dientes de ajo
1/2 vaso de vino blanco
pan rallado
aceite

NOTAS:

Preparación

1. El besugo habrá sido desescamado y destripado por el pescadero. Se lava por dentro y por fuera.

2. Se cortan las cebollas en finas rodajas. Ponerlas en una fuente de horno de barro.

3. Se coloca encima el besugo salpimentado, se le hacen unas incisiones en la superficie y se coloca media rodaja de limón. Se riega con aceite, se ponen los ajos enteros a los lados, se espolvorea pan rallado por encima y se hornea 20 minutos. Cinco minutos antes de finalizar la cocción se vierte el vino blanco. Servir con su salsa y las cebollas.

BESUGO A LA ESPALDA (País Vasco)

Ingredientes
(para 4 personas)

1 besugo de 1 kg. desescamado y destripado
2 dientes de ajo
1 guindilla
aceite de oliva
vinagre
sal

NOTAS:

Preparación

1. Limpiar el besugo y salarlo por dentro y por fuera.
2. Colocarlo en la plancha caliente y dejarlo 1/2 hora, dándole la vuelta a media cocción. Untarlo bien con aceite y embadurnarlo más a medida que se hace.
3. En una sartén poner 5 cucharadas de aceite y rehogar los ajos fileteados. Incorporar la guindilla, sin semillas, cortada en aros.
4. Cuando esté el besugo, abrirlo por la mitad, quitar la espina y verter por encima el sofrito y un chorreón de vinagre. Servirlo así.

CARPAS AL VINO TINTO (Alsacia)

Ingredientes
(para 6 personas)

2	*carpas de unos 750 gr.*	2	*chalotas*	*NOTAS:*
1/2	*botella de vino tinto (a poder ser de Alsacia)*	200	*gr. de mantequilla*	
200	*gr. de champiñones*	1	*«bouquet garni» (perejil, laurel, tomillo)*	
12	*cebollitas francesas*	1	*cucharada de harina*	
1/4	*l. de «fumet»*		*sal*	
			pimienta	

Preparación

1. Desescamar las carpas y quitarles las tripas.

2. En una cazuela rehogar las chalotas picadas en 25 gr. de mantequilla. Disponerlas en una fuente de horno alargada. Colocar las carpas encima. Regar con el vino y el «fumet». Salpimentar. Agregar el «bouquet garni».

3. Asar a horno fuerte 25 minutos.

4. Mientras tanto, rehogar en la mantequilla, por separado, las cebollitas y los champiñones bien limpios sin el rabo.

5. Sacar las carpas. Ponerlas en una fuente de servicio.

6. Pasar el líquido de la cocción a una cacerola. Reducirlo a fuego vivo. Añadir una cucharada de mantequilla mezclada con la harina. Batir con varillas.

7. Servir las carpas rodeadas de las verduras y cubrir con la salsa.

CARPA DE NAVIDAD (Alemania)

Ingredientes
(para 4 personas)

NOTAS:

- *1 tarro de cerezas en conserva*
- *1 carpa de 1 y 1/2 kg., desescamada y sin tripas*
- *mantequilla*
- *1 cebolla*
- *1 nabo*
- *unas ramitas de perejil*
- *3 clavos*
- *pimienta en grano*
- *1 hoja de laurel*
- *sal*
- *pimienta*
- *1 taza de agua*
- *1 botellín de cerveza*
- *jengibre*
- *1/2 piel de limón rallada*
- *6 cucharadas de almendras*
- *1 puñado de pasas*
- *azúcar*

Preparación

1. Saltear las verduras en un poco de mantequilla. Añadir las especias y las cerezas deshuesadas.
2. Mezclar el agua y la cerveza. Verter en las verduras. Colocar la carpa salada sobre esto y hervir hasta que esté hecha, unos 35 a 40 minutos.
3. Picar las almendras y las pasas y agregarlas a la carpa, así como la piel de limón y el jengibre. Añadir un poquito de azúcar. Servir con buñuelos de patata y «choucroute».

«FOIE-GRAS» EN TERRINA (Francia)

Ingredientes
(para 8 personas)

NOTAS:

- *1 «foie-gras» de 800 gr. más o menos*
- *15 gr. de sal con un poco de pimienta*
- *100 gr. de grasa de oca*
- *1 cucharada sopera de coñac*
- *2 cucharadas soperas de oporto*
- *1 trufa de 40 gr.*

Preparación

1. Con un cuchillito afilado, abrir el «foie» en dos y rascar con cuidado el lugar de la hiel y quitar las venitas. Sazonar por dentro y por fuera con la sal y pimienta, el oporto y el coñac. Dejar macerar en la nevera 24 horas.

2. En una terrina de porcelana que quepa justo el «foie», meterlo y apretar. Hacer una abertura en el centro para meter la trufa fileteada. Cerrar. Cubrir con la tapadera de la terrina. Cocer al baño María, a horno moderado, durante 40 minutos. Dejar enfriar al baño María, quitar la tapadera y cubrir con la grasa de oca fundida.

3. Guardar en la nevera y tomar muy frío. Puede guardarse hasta dos semanas. Presentar cortado en rodajas con tostadas de pan de molde calientes y servir con un vino sauternes.

«FOIE-GRAS» FRESCO CON PURE DE MANZANAS

Ingredientes
(para 6 personas)

6 rodajas de «foie gras» fresco de 1 cm. de grosor
1 vaso de oporto
vinagre de sidra
70 gr. de grasa de oca
sal
pimienta
1 kilo de manzanas reineta
1 limón
canela en polvo
1 cucharada de azúcar

NOTAS:

Preparación

1. Empezar por el puré: Despepitar, pelar y trocear las manzanas. Ponerlas a cocer en una cacerola de fondo grueso con el zumo de limón, un pellizco de canela y el azúcar a fuego moderado. A los 20 minutos pasar el puré por la batidora y reservar.

2. Mientras se hace el puré, regar el «foie» con el oporto y salpimentarlo. Dejarlo en reposo 15 minutos.

3. En una cazuela de fondo grueso saltear las rodajas en grasa de oca 1 minuto por cada lado. Debe quedar rosa. Colocarlas en platos con el puré de manzana caliente.

4. En la cazuela verter unas cucharadas de vinagre rápidamente y dar un hervor. Verter el oporto de las rodajas de «foie», flambear y echar esto por encima de ellas. Servir en seguida.

POSTRES Y DULCES

MAZAPÁN

Ingredientes
(para 6 personas)

200 gr. de almendras
200 gr. de azúcar
2 claras de huevo
1 poquito de vainilla
1 poquito de zumo de limón

NOTAS:

Preparación

1. Triturar las almendras.
2. Batir ligeramente las claras de huevo y mezclarlas con el azúcar. Agregar la vainilla y unas gotas de zumo de limón. Incorporar las almendras. Amasar.
3. Hacer una bola. Estirarla con el rodillo en mesa engrasada. Cortarla en la forma deseada. Dejarlo endurecerse una noche.
4. Meterlo al horno unos 20 minutos a temperatura suave.
5. Pintarlos con huevo batido y meterlo al horno 5 minutos más.

MAZAPÁN DE TOLEDO (España)

Ingredientes
(para 10 personas)

1 kg. de almendras sin piel
2 huevos
1 kg. de azúcar

NOTAS:

Preparación

1. Se trituran en la batidora las almendras. Se mezclan con el azúcar y se vuelven a triturar en la batidora. Agregarles un poquito de agua para poder amasarlas.

2. Se le da la forma deseada. Se pinta con huevo batido. Se ponen en la bandeja de horno y se hornean a temperatura media 1/4 de hora.

MAZAPÁN AL CHOCOLATE

Ingredientes
(para 6 personas)

1 y 1/2 taza de té de almendras trituradas
1 y 1/2 taza de té de azúcar glass
1 pellizco de extracto de almendras
1 taza de té de chocolate rallado

NOTAS:

Preparación

1. Triturar por dos veces más las almendras.
2. Mezclarlas con el azúcar y el extracto de almendras. Calentar ligeramente. Enfriar y amasar.
3. Cubrir la masa y dejarla reposar una noche. Darle forma de pequeñas bolas y envolverlas en chocolate rallado.

YEMAS (España)

Ingredientes
(para 10 personas)

24 yemas sin nada de claras
1 kg. de azúcar
1/4 l. de agua
1 corteza de limón

NOTAS:

Preparación

1. Las yemas se pasan por un colador a un bol.
2. Con el agua, 1/2 kg. de azúcar y la corteza de limón, se hace un almíbar a punto de hebra.
3. Se mezcla el almíbar con las yemas, retirando la corteza, y se pone a fuego suave sin dejar de remover con cuchara de palo hasta que espese bastante.
4. Se echa esta crema sobre mesa engrasada y se deja enfriar.
5. Con el azúcar restante y un vasito de agua, se hace otro almíbar a punto de hebra. Entonces se bate despacio con espátula, frotando contra las paredes del cazo hasta que blanquee.
6. Se hacen unas bolas con las yemas y se bañan con este almíbar caliente. Se deja enfriar.
7. Se envuelve en papel de celofán.

TRUFAS (Inglaterra)

Ingredientes
(para 6 personas)

- *175 gr. de chocolate «bitter»*
- *175 gr. de chocolate con leche*
- *2 yemas de huevo*
- *25 gr. de mantequilla*
- *1 cucharada de ron añejo*
- *1 cucharadita de nata*
- *chocolate rallado o cacao*

NOTAS:

Preparación

1. Derretir el chocolate en cazuela de fondo grueso o al baño María. Incorporar las yemas, mantequilla, ron y nata. Remover hasta que espese.
2. Enfriar ligeramente y formar unas bolitas con una cuchara. Envolver en chocolate rallado o cacao en polvo.
3. Dejar reposar una noche. Poner en moldecitos de papel que se venden para este uso.

POLVORONES DE ALMENDRAS (España)

Ingredientes
(para 6 personas)

250 gr. de harina
125 gr. de manteca de cerdo
canela en polvo
125 gr. de almendras molidas
125 gr. de azúcar glass

NOTAS:

Preparación

1. Tostar en la bandeja de horno la harina durante 20 minutos.
2. En un bol poner la harina tamizada. Agregar el azúcar y mezclar bien. Incorporar la manteca a temperatura ambiente y amasarla con la harina.
3. Agregar las almendras y amasar de nuevo.
4. Extender en mesa enharinada. Con un vaso de licor o un molde de pastas, cortar la masa.
5. Ir poniendo los polvorones en la bandeja del horno cubierta con papel de aluminio engrasado. Hornear de 30 a 40 minutos a temperatura media-alta.
6. Espolvorear azúcar glass mezclada con canela por encima. Se conservan quince días.

POLVORONES (España)

Ingredientes
(para 8 personas)

500 gr. de harina
250 gr. de manteca de cerdo
250 gr. de azúcar glass
1 limón y 1/2
2 cucharadas de ajonjolí (sésamo)
1 cucharada de canela en polvo

NOTAS:

Preparación

1. Tostar 450 gr. de harina en el horno unos 25 minutos.
2. Poner la harina tamizada en un bol. Incorporar la manteca ablandada, 200 gr. de azúcar, la canela, la ralladura de corteza de limón y unas gotas de zumo de limón. Se amasa todo, se hace una bola, se envuelve en un paño y se deja reposar 1 hora.
3. En mesa enharinada poner la bola de masa y envolverla en el resto de harina. Extenderla con el rodillo en un grosor de 1 cm.
4. Con un cortapastas o un vaso de licor cortar unos redondeles de pasta.
5. Se ponen en la bandeja del horno engrasada y se hornea unos 45 minutos a temperatura media-fuerte.
6. Diez minutos antes de finalizar la cocción, espolvorear por la superficie los granos de ajonjolí.
7. Sacarlos del horno y espolvorear por encima el azúcar glass restante.

ALFAJORES

Ingredientes
(para 8 personas)

1/2 kg. de almendras peladas
1/2 kg. de miel
canela en polvo
250 gr. de pan rallado
corteza de limón rallado
clavo
anís

NOTAS:

Preparación

1. Se hace un almíbar con la miel, hasta que al poner un poquito en un plato se solidifique.
2. En una batidora se trituran las almendras. Se incorpora al almíbar, así como el pan, clavo molido y anís. Se agrega el limón rallado y un poquito de canela.
3. Se extiende sobre obleas y se ponen obleas por encima.

PERRUNAS DE NOCHEBUENA (Córdoba)

Ingredientes
(para 12 personas)

1 kg. de manteca de cerdo
750 gr. de azúcar
la harina que admita
el zumo de 1 naranja
la ralladura de 1 limón

NOTAS:

Preparación

1. Batir la manteca hasta que quede muy fina. Se va añadiendo el azúcar, el zumo de naranja y la piel de limón.

2. Se va añadiendo la harina que admita hasta que quede una masa compacta. Se deja reposar 1 hora.

2. En mesa enharinada se extiende la masa del grosor de 1 cm. Con un molde de pastas se cortan y se ponen en la bandeja del horno engrasada. Se hornean hasta que se tuesten.

PERRUNAS (España)

Ingredientes
(para 10 personas)

225 gr. de harina
450 gr. de manteca de cerdo
225 gr. de azúcar
1 poquito de canela en polvo
125 gr. de almendras peladas
1 chorrito de aguardiente

NOTAS:

Preparación

1. Batir muy bien la manteca. Incorporar las almendras molidas, el azúcar, el chorrito de aguardiente y un poquito de canela.
2. Agregar la harina y amasar.
3. Extender en mesa enharinada, cortar con un vasito de licor y hornear unos 30 a 40 minutos. (Si se necesita más harina se echa.)

TURRÓN DE JIJONA

Ingredientes
(para 6 personas)

- *1/4 kg. de almendras peladas*
- *100 gr. de miel blanca*
- *2 claras de huevo*
- *1/2 kg. de azúcar*

NOTAS:

Preparación

1. Se tuestan las almendras. Se trituran en la batidora hasta que queden hechas una pasta.
2. Se baten las claras a punto de nieve y se mezclan con las almendras.
3. Se pone a cocer la miel con el azúcar. Cuando rompa a hervir se agregan las almendras. Se remueve y se mezcla bien durante 10 minutos.
4. Se vierte en moldes tapizados con obleas. Se deja reposar como mínimo diez días antes de consumirlo.

TURRÓN DE AGRAMUNT

Ingredientes
(para 8 personas)

500 gr. de miel blanca
2 claras de huevo
100 gr. de avellanas peladas
1/4 kg. de almendras peladas

NOTAS:

Preparación

1. Tostar las almendras y las avellanas al horno.

2. Se pone la miel a hervir, se remueve con cuchara de madera. Se retira del fuego, se espuma y se vuelve a poner al fuego hasta que llegue al punto de bola.

3. Se baten las claras a punto de nieve y se agregan a la miel. Se vuelve a poner al fuego hasta que alcance el punto de caramelo.

4. Se agregan las almendras y las avellanas trituradas en la batidora. Se mezcla bien. Se extiende sobre un mármol o mesa engrasada. Se estira para que quede una fina masa. Cuando esté templado se pone sobre obleas. No consumir antes de diez días.

TURRÓN DE ALICANTE

Ingredientes

1 y 1/4 kg. de miel de romero
1 y 1/4 kg. de almendras peladas
650 gr. de azúcar
3 claras de huevo
ralladura de 1/2 limón

NOTAS:

Preparación

1. Se lleva la miel a ebullición hasta que se evapore el agua que pueda contener. Se incorpora el azúcar y se remueve constantemente con cuchara de palo durante 10 minutos. Debe llegar al punto de caramelo.

2. Se suben las claras a punto de nieve y se añaden a la miel. Se revuelve todo.

3. Las almendras se tuestan en el horno, se pican groseramente, que queden en trozos, y se añaden a la miel. Se echa la corteza de limón rallada.

4. Se vierte sobre obleas y cuando se haya enfriado ligeramente se corta en trozos. No debe comerse antes de diez días.

GUIRLACHE

Ingredientes
(para 8 personas)

1 kg. de almendras peladas
325 gr. de azúcar

NOTAS:

Preparación

1. Se trocean groseramente las almendras. Se ponen en una cacerola con el azúcar. A fuego medio deshacer el azúcar, dando vueltas con cuchara de palo. Cuando llegue al punto de caramelo dorado (cuidado que no se queme en este punto, tomando un color oscuro), se retira del fuego.
2. Se vuelca en mesa o mármol engrasado con aceite.
3. Nos mojamos las manos y le damos la forma deseada. Lo cortamos en trozos que se puedan comer con facilidad.

CASTAÑAS CRISTALIZADAS (Inglaterra)

Ingredientes
(para 6 personas)

450 gr. de castañas gordas
450 gr. de azúcar
150 ml. de agua
1/2 cucharadita de esencia de vainilla

NOTAS:

Preparación

1. Hacer una incisión en la piel de las castañas por la parte panzuda, cuidando de no llegar a la carne. Cocer 20 minutos. Pelarlas mientras están calientes.

2. Hacer un almíbar con el agua y el azúcar. Agregar la vainilla y las castañas, hirviendo fuertemente 10 minutos. Luego sacarlas y ponerlas en una rejilla.

3. Dejarlas reposar 24 horas.

4. Volver a hervir el almíbar, introducir de nuevo las castañas y dejarlas hirviendo hasta que estén bien cubiertas por el almíbar. Ponerlas de nuevo en la rejilla. Dejar reposar otras 24 horas. Ponerlas en moldecitos de papel. No degustarlas antes de una semana.

CORTEZA DE FRUTA CARAMELIZADA

Ingredientes
(para 8 personas)

4 *naranjas gordas y sanas*
2 *pomelos gordos y sanos*
1/2 *kg. de azúcar*
200 *gr. de azúcar glass*

NOTAS:

Preparación

1. Cortar las cortezas de las frutas bien lavadas y frotadas con cepillo de raíz, dejando un poco de pulpa. Escaldarlas unos 20 minutos.
2. Hacer un almíbar con el azúcar y un vasito de agua. Cuando las burbujas sean pequeñas, agregar la corteza de fruta y dejar caramelizar.
3. Sacarlas y ponerlas en una rejilla. Cuando estén templadas, envolverlas en azúcar glass.

TRONCO DE NAVIDAD (Francia)

Ingredientes
(para 6 personas)
Bizcocho

4 huevos
250 gr. de harina
250 gr. de azúcar
ralladura de limón

NOTAS:

Crema de moka

250 gr. de mantequilla de buena calidad
100 gr. de azúcar
1 dl. de agua
4 cucharadas de café
2 huevos

Para bañar el bizcocho

1 dl. de ron

Adorno

100 gr. de almendras
azúcar glass

Preparación

1. Bizcocho: Batir en una cazuela sobre agua caliente, no hirviendo, los huevos con el azúcar hasta que, muy cremosos, hayan doblado de tamaño. Añadir la ralladura de limón. Incorporar la harina tamizada. Remover bien.

2. Verter en un molde rectangular de 35 por 23 cm., aproximadamente, que habremos cubierto de papel de aluminio bien engrasado con mantequilla.

3. Meter al horno suave unos 10 minutos. Desmoldar sobre un paño mojado y rápidamente enrollar para que tome forma.

4. Mientras se hace el bizcocho, habremos hecho un almíbar para la crema de moka con el azúcar, el agua y las cucharadas de café.

5. Batir las claras a punto de nieve e ir incorporando el almíbar muy despacio, batiendo. Dejar enfriar.

6. Batir la mantequilla reblandecida en crema con la yemas. Añadir las claras.

7. Desenrollar el bizcocho con cuidado, bañarlo con el ron y cubrirlo con la mitad de la crema. Volverlo a enrollar y cubrirlo con el resto de la cre-

ma. Enfriar y, entonces, con un tenedor o espátula mojada hacer unas estrías para que parezca la corteza de un tronco.

8. Triturar las almendras peladas y mezclarlas con unas gotas de colorante alimentario verde y adornar el tronco con esto como si fuese musgo. Espolvorear azúcar glass como si fuese nieve.

PASTEL DE CHOCOLATE (Italia)

Ingredientes
(para 10 personas)

200 gr. de miga de pan	*50 gr. de mantequilla*	*NOTAS:*
150 gr. de azúcar	*3/4 de l. de leche*	
80 gr. de chocolate	*6 huevos*	

Preparación

1. Verter la leche hirviendo sobre la miga de pan desmenuzada. Dejar reposar 2 horas. Poner al fuego suave en una cacerola. Agregar el azúcar, mantequilla en pedacitos y el chocolate rallado. Mezclar bien.

2. Llevar a ebullición sin dejar de remover. Retirar del fuego y dejar enfriar.

3. Batir las claras a punto de nieve, añadir las yemas, batir de nuevo e incorporar a la mezcla de chocolate.

4. Verter en un molde engrasado y cocer al horno 2 horas al baño María. Enfriar antes de desmoldar. Servir este pastel cubierto de natillas.

MONT BLANC (Francia)

Ingredientes
(para 8 personas)
«Chantilly»

- *1 l. de nata*
- *75 gr. de azúcar*
- *4 cucharadas de azúcar vainillada*

NOTAS:

Crema de castañas

- *500 gr. de crema de castañas dulce*
- *150 gr. de mantequilla*
- *1 cucharada de cacao*

Preparación

1. «Chantilly»: Batir la nata muy fría añadiendo poco a poco los azúcares hasta que esté muy espesa. Reservar en la nevera.
2. Mezclar con varillas el puré de castañas con la mantequilla ablandada. Por último añadir el cacao. Enfriar en la nevera 1/2 hora.
3. En una fuente de servicio, con una manga pastelera mojada, ir echando la crema de castañas hasta formar como una montaña. Cubrir la parte de arriba con el «chantilly» que dispondremos con la manga pastelera.

«CHRISTMAS PUDDING» (Inglaterra)

Ingredientes
(para 6 personas)

NOTAS:

- 200 *gr. de grasa de riñón, de cebón o ternera, rallada*
- 250 *gr. de harina*
- 150 *gr. de miga de pan del día anterior*
- 60 *gr. de azúcar moreno*
- 2 *huevos*
- 100 *gr. de almendras*
- 1 *pellizco de sal*
- 1 *cucharadita de jengibre en polvo*
- 100 *gr. de zanahoria rallada*
- 2 *cucharaditas de clavo molido*
- 1 *cucharada de cáscara de naranja confitada*
- 3 *cucharadas de «mincemeat»*
- 1/2 *botellín de cerveza*
- 1 *cucharadita de «4 especias»*
- 1 *cucharadita de canela en polvo*
- 1 *cucharadita de nuez moscada rallada*
- 1 *naranja*
- 1 *limón*
- 100 *gr. de cerezas confitadas*
- 200 *gr. de pasas sin semilla*
- 12 *ciruelas pasas sin hueso*
- 3 *manzanas reineta*
- 1 *vaso de ron añejo*

Preparación

1. El día antes poner a macerar las pasas y ciruelas en el ron.
2. En una picadora eléctrica picar la grasa de riñón de cebón o de ternera, bien lavada. Picar la miga de pan y las almendras y reservar. Picar asimismo las manzanas peladas y despepitadas, las pasas y ciruelas, bien escurridas, reservando el ron. Picar las cerezas. Reservar.
3. En un gran bol poner la harina con el pellizco de sal, la grasa, la miga de pan, las almendras y todas las especias. En el centro, echar los huevos, el ron, la cerveza, el zumo de naranja y de limón. Remover bien. Agregar las frutas, la zanahoria, la cáscara de naranja picada y el «mincemeat», removiendo.
4. Engrasar un molde de pudding. Rellenarlo de la masa. Cubrir con papel de aluminio y atar alrededor. Envolver en un paño y hacer un nudo arriba.

5. En una olla grande (u olla a presión grande), poner un plato resistente al calor, boca abajo. Cubrir con agua. Introducir el molde, el agua debe llegar hasta el borde (si fuese la olla a presión, sólo debe sobrepasar unos 3 dedos del plato). Cerrar y cocer 4 horas, cuidando de que no se quede sin agua. (En la olla a presión cocerá 2 horas a fuego suave.)

6. Desmoldar y flambear con brandy. Servir con natillas.

«STOLLEN» DE NAVIDAD (Alemania)

Ingredientes
(para 8 personas)

1 kg. de harina
1 y 1/2 taza de leche
80 gr. de levadura de panadero
1/2 cucharada de sal
200 gr. de azúcar
250 gr. de mantequilla
200 gr. de pasas
250 gr. de almendras
esencia de almendras
100 gr. de piel de limón y naranja confitados
6 granos de cardamomo
nuez moscada

NOTAS:

Baño

2 cucharadas de mantequilla
azúcar glass vainillada

Preparación

1. Se pone la harina en un bol. Se hace un pozo en el centro. Se disuelve la levadura en la leche templada, se le añade un poco de azúcar y se vierte en el pozo. Se va recogiendo la harina de los bordes y se mezcla todo haciéndose una masa, se pone en una cacerola ligeramente caliente, se tapa con un paño y se resguarda de corrientes (un buen sitio es el horno apagado).

2. Cuando haya duplicado de volumen, se amasa, se le añade la mantequilla ablandada, la sal y el azúcar. Se golpea y se amasa bien.

3. Se le añaden las pasas, las almendras peladas y trituradas, las pieles de fruta picadas, el cardamomo aplastado y un poquito de nuez moscada. Se amasa y se deja de nuevo en reposo hasta que haya vuelto a duplicar el volumen.

4. Se amasa de nuevo y se le da la forma ovalada. Colocarlo en una bandeja de horno engrasada y bañarlo con las 2 cucharadas de mantequilla derretida. Meterlo a horno medio-fuerte durante 45 minutos. Al sacarlo del horno se vuelve a pintar con mantequilla. Cuando esté frío se espolvorea azúcar glass. Este bizcocho se puede guardar una semana.

«JULEKAGE» (Dinamarca)

Ingredientes
(para 8 personas)

- 40 *gr. de levadura de panadero*
- 50 *gr. de azúcar*
- 1/2 *taza de leche*
- 1/4 *de cucharadita de sal*
- 1/2 *cucharadita de vainilla*
- 1/2 *cucharadita de ralladura de limón*
- 2 *huevos*
- 6 *granos de cardamomo*
- 400 *gr. de harina*
- 1 *taza de fruta confitada picada*
- 1 *cucharada de azúcar*
- 100 *gr. de mantequilla*

NOTAS:

Preparación

1. Calentar la leche y desmigar la levadura y una cucharada de azúcar en ella. Dejarlo reposar unos minutos y luego remover suavemente hasta que se deshaga. Dejar en un sitio oscuro (puede ser el horno apagado). Cuando comience a hacer burbujas, remover suavemente y con una espátula verter en un bol.

2. Agregar la sal, la vainilla, ralladura de limón, los huevos ligeramente batidos, el cardamomo aplastado y el resto del azúcar. Incorporar 350 gr. de harina, poco a poco, amasando con las manos y añadiendo más harina si fuese preciso. Formar una bola.

3. Mezclar la fruta escarchada con un poco de harina. Agregarla junto con la mantequilla ablandada a la masa. Amasar 10 minutos. Debe quedar blanda y elástica. Hacer una bola y colocarla en un bol. Espolvorear un poco de harina en la superficie, taparla con un paño y dejarla en un sitio libre de corrientes (el horno frío) para que suba al doble de su tamaño, más o menos 1 hora.

4. Con el puño darle un fuerte golpe. Amasar de nuevo rápidamente. Darle forma alargada y ponerlo en un molde engrasado. Cubrir con un paño y dejar subir unos 15 a 20 minutos.

5. Cocer al horno unos 45 minutos. Sacar del molde y dejarlo enfriar en una rejilla. Se conservará de dos a tres semanas bien envuelto en papel de aluminio y en la nevera.

«RIS A L'AMANDE» (Escandinavia)

Ingredientes
(para 6 u 8 personas)

1 l. de leche
4 cucharadas de azúcar
3/4 de taza de arroz
3/4 de taza de almendras
1/4 de taza de jerez
2 cucharaditas de vainilla líquida
1/4 l. de nata

NOTAS:

Preparación

1. Llevar la leche a ebullición y echar en ella el arroz y el azúcar. Remover, bajar el fuego y cocer unos 25 minutos, hasta que el arroz esté hecho pero no deshecho.

2. Ponerlo en un cuenco y verter el jerez, las almendras peladas y picadas y la vainilla.

3. Batir la nata muy fría en «chantilly». Mezclarla con el arroz frío. Echarlo en un plato de servicio y enfriar antes de servir. Se puede verter por encima en el momento de servirlo un poco de licor de cerezas.

«KASHA» NAVIDEÑA (Rusia)

Ingredientes
(para 8 personas)

350	*gr. de «kasha» (trigo sarraceno integral, de venta en tiendas vegetarianas o dietéticas) o sémola de trigo*	300	*gr. de miel*	*NOTAS:*
		125	*gr. de uvas*	
		5	*cucharadas de ron*	
		125	*gr. de orejones*	
		200	*gr. de nueces sin cáscara*	

Preparación

1. Poner la «kasha» en un tamiz y lavar. Luego hervirlo a fuego suave varias horas, hasta que se hinche y se ponga tierno pero no pegajoso.
2. Escurrir y ponerlo en una cacerola.
3. Mezclar la miel con 1/4 l. de agua hirviendo. Remover y echarlo sobre la «kasha». Dejar reposar.
4. Poner las uvas en un cuenco con el ron, y los orejones en otro cacharro con agua, hasta que se hinchen. Escurrir y echar la fruta a la «kasha» con las nueces. Remover, dejar enfriar y servir.

SALSA DE NADAL (Ibiza)

Ingredientes
(para 8 personas)

NOTAS:

- 1/2 *kg. de almendras peladas*
- 1/4 *de gallina*
- 250 *gr. de lechona*
- 250 *gr. de falda de ternera*
- 25 *gr. de sobrasada*
- 25 *gr. de tocino fresco*
- 200 *gr. de azúcar*
- 1/2 *cucharadita de canela en polvo*
- 2 *clavos de especia*
- 5 *huevos*
- *unas hebras de azafrán*
- *sal*
- *pimienta*

Preparación

1. Triturar en la batidora las almendras. Mezclarlas con los huevos y hacer una pasta.

2. Hacer un caldo con las carnes, sobrasada, la pimienta, sal y azafrán. Cocer 2 horas. Colarlo a una olla de barro.

3. Se agrega la pasta de almendras deshaciéndola con las manos. Se pone al fuego y se añade el azúcar, se remueve sin parar, y se tiene hirviendo 3/4 de hora. Esta salsa se toma con bollos.

TARTA GALLEGA DE NAVIDAD

Ingredientes
(para 6 personas)

300 gr. de harina de maíz
100 gr. de harina de trigo o centeno
1 taza de nata
100 gr. de azúcar
100 gr. de pasas
100 gr. de higos secos
100 gr. de nueces picadas
1 poco de levadura de panadero
1 pellizco de sal

NOTAS:

Preparación

1. Mezclar las dos harinas, la levadura disuelta en un poco de agua y la sal. Se amasa hasta que quede una masa blanda y flexible.

2. Agregar el azúcar y la nata. Ponerla en un bol, cubrirla con un paño y dejarla subir en un sitio sin corrientes y templado (puede ser en el horno frío).

3. Volverla a amasar y agregar los higos picados, las pasas y las nueces. Extender sobre una bandeja de horno engrasada y cocer hasta que esté dorada, más o menos 1 hora. Enfriar y comer.

PASTEL DE MIEL (Ucrania)

Ingredientes
(para 8 personas)

NOTAS:

- 4 *huevos gordos*
- 200 *gr. de azúcar*
- 1 *taza de aceite de girasol*
- 1 *taza de miel*
- 3 *cucharadas de Nescafé*
- 4 *cucharadas de harina*
- 2 *cucharaditas de levadura en polvo*
- 1 *cucharadita de bicarbonato*
- *ralladura de naranja*
- 100 *gr. de pasas*
- 1 *cucharadita de canela molida*
- 8 *granos de cardamomo molidos*
- 1/4 *de cucharadita de clavos molidos*
- 1 *pellizco de sal*
- 100 *gr. de orejones*
- 100 *gr. de nueces picadas*

Preparación

1. Calentar el horno a temperatura media-fuerte.
2. En un bol batir las yemas de huevo con el azúcar con batidora eléctrica hasta que blanqueen. Siempre batiendo incorporar el aceite, la miel y el Nescafé diluido en 1/4 de taza de agua caliente.
3. Incorporar la harina tamizada, la levadura, bicarbonato, canela, cardamomo, clavos y sal. Mezclar todo.
4. Batir las claras a punto de nieve. Agregar a la masa anterior.
5. Agregar la ralladura de naranja, pasas, orejones picados y nueces.
6. Echarlo en dos moldes. Cocer al horno hasta que al pincharlo en el centro con un cuchillo salga limpio, más o menos 1 hora y 1/4. Enfriar en la rejilla. Envolverlo en papel de celofán y guardar en la nevera un mínimo de 24 horas antes de degustarlo, para que los aromas se integren. Tomarlo a temperatura ambiente.

«PANNETONE» (Italia)

Ingredientes
(para 6 personas)

NOTAS:

20	*cl. de leche*	2	*huevos*
125	*gr. de azúcar*	1	*cucharadita de anises*
125	*gr. de mantequilla*	75	*gr. de pasas*
1/4	*de cucharadita de sal*	75	*gr. de piel de naranja y limón confitada*
3	*cucharadas de agua caliente*	1	*cucharada de cerezas en almíbar*
10	*gr. de levadura de panadero*	500	*gr. de harina*

Preparación

1. Calentar la leche. Echar en ella la mantequilla, azúcar y sal.
2. En un bol grande diluir la levadura con el agua caliente y verter la mezcla de leche, los huevos ligeramente batidos, los anises aplastados, la piel de fruta y la mitad de la harina. Batir hasta que esté muy suave. Añadir la harina restante y trabajarlo hasta que quede una masa compacta. Amasar en mesa enharinada hasta que esté elástica.
3. Formar una bola y colocarla en un bol engrasado, dándole la vuelta una vez. Cubrirlo con un paño y dejarlo subir en un lugar templado y sin corrientes, hasta que doble su tamaño, unas 2 horas.
4. Con el puño bajar la masa y dejarla reposar 10 minutos.
5. Formar 2 bolas. Colocarlas en una bandeja de horno engrasada y dejarlo subir de nuevo hasta doblar su volumen.
6. Hornear unos 40 minutos a temperatura media-fuerte.

ROSCÓN DE REYES

Ingredientes
(para 6 personas)

- *500 gr. de harina*
- *40 gr. de levadura de panadero*
- *1 1/2 dl. de leche*
- *3 huevos*
- *120 gr. de mantequilla*
- *10 gr. de sal*
- *frutas escarchadas*
- *100 gr. de azúcar*
- *1 cucharada de ron*
- *1 cucharada de agua de azahar*
- *ralladura de 1 naranja y 1 limón*

NOTAS:

Preparación

1. Se prepara una primera masa con la mitad de la harina con la levadura y 1 dl. de leche templada. Se amasa, se hace una bola y se deja reposar.
2. Se baten los huevos con la mantequilla derretida, sal, azúcar, ron, 1/2 dl. de leche, agua de azahar y ralladura de frutas. Se unen a la harina restante y se amasa.
3. Se incorpora la masa primera. Se amasa todo junto enérgicamente hasta conseguir una masa fina y elástica. Se forma una bola, se pone en un recipiente, se tapa con un paño y se deja reposar unas 3 horas, hasta que doble su tamaño. Se amasa ligeramente. Se pone en la bandeja de horno engrasada, se le da forma de corona, se tapa con un paño y se deja subir otras 2 horas.
4. Se pinta con un huevo batido. Se adorna con las frutas cortadas en tiras, se introduce la sorpresa y se mete en el horno calentado previamente, a una temperatura media-fuerte, unos 40 minutos.

COMPOTA DE FRUTOS SECOS DE NAVIDAD (País Vasco)

Ingredientes
(para 6 personas)

1/2 kg. de manzanas reineta
1/2 kg. de peras
300 gr. de higos secos
300 gr. de orejones
300 gr. de ciruelas pasas
3 dl. de agua
1 trocito de corteza de limón
150 gr. de pasas
2 palitos de canela
400 gr. de azúcar
1/4 l. de vino blanco
1/2 l. de vino tinto

NOTAS:

Preparación

1. Cocer todas las frutas, debidamente peladas y despepitadas, con el agua, el azúcar, los vinos, la canela y la corteza de limón, 1/4 de hora. Enfriarla, quitar la canela y la corteza y servir.

«EGG NOG» (Estados Unidos)

Ingredientes
(para 20 a 30 personas)

12 huevos
1 l. de whisky bourbon
1 l. de nata
1 l. de leche
1/4 de l. de ron
300 gr. de azúcar
1 pellizco de sal
nuez moscada

NOTAS:

Preparación

1. Batir las claras a punto de nieve con la sal. Añadir sin dejar de batir 100 gr. de azúcar.

2. Batir las yemas con el resto del azúcar hasta que blanqueen. Mezclar con las claras.

3. Batir la nata muy fría. Añadir poco a poco la leche, el whisky y el ron. Unir a los huevos. Espolvorear nuez moscada en el momento de servirlo muy frío.

DULCE DE CASTAÑAS

Ingredientes
(para 6 personas)

1 kg. de castañas
vainilla
900 gr. de azúcar

NOTAS:

Preparación

1. Hacer una incisión en la parte panzuda de las castañas. Cocerlas en agua 15 minutos. Escurrirlas y, todavía calientes, pelarlas.

2. Pasarlas por el pasapurés.

3. En un cazo se ponen las castañas, 1 vaso y 1/2 de agua, se agrega vainilla, líquida o en vaina, se pone a hervir y se deja a fuego suave unos 25 minutos. Se remueve sin descanso. Se envasa y se toma frío.

REGALOS SABROSOS

Una bonita idea para la Navidad son los regalos gastronómicos. En un recipiente de cristal de diseño atractivo (son muy bonitos los que imitan a cacharros antiguos), o cestas con flores y hojas secas, o en cajas de latón, como aquellas en las que se guardaban las galletas, con dibujos naïfs, que hoy día se reproducen en todos los tamaños y colores, introduciremos el regalo sabroso y original que se nos ocurra y con el que obsequiaremos en estas fiestas. También podemos bordar y hacer un festón a un cubre-tarros, de hilo blanco, con el que taparemos el recipiente de mermelada. Podemos encontrar preciosas etiquetas para pegar en los tarros con los nombres de las mermeladas. Toda clase de tarrinas de porcelana nos servirán para obsequiar con bizcochos o patés.

Algunos de estos regalos que pensamos hacer tendremos que prepararlos con varios meses de antelación, primero porque suele ser en verano cuando tenemos una serie de frutas para hacer las distintas mermeladas, almíbares o aguardientes, y segundo porque algunos tienen que esperar varios meses antes de consumirse. A continuación damos algunas ideas.

Ingredientes

[illegible]

1 pellizco de canela [illegible]

Preparación

1. [illegible]

2. [illegible] en una [illegible] [illegible] [illegible]

3. Retirar del fuego [illegible]

4. Verter [illegible] la cuchara [illegible]

5. Verter [illegible] con los asados [illegible]

AGUARDIENTE DE CEREZAS

Ingredientes

1 kg. de cerezas o picotas muy sanas
650 gr. de azúcar
1 palito de canela
3 dl. de agua
1/2 l. de aguardiente de orujo de la mejor calidad
10 granos de cilantro

NOTAS:

Preparación

1. Lavar bien las cerezas y quitarles el rabo si no son picotas.

2. Cocer el azúcar con el agua hasta un punto de hebra fina (al introducir una cuchara de metal y dejar escurrir el almíbar por su borde se acabará formando como un hilo de almíbar). Incorporar las cerezas y dejar cocer unos 5 minutos.

3. Retirar del fuego y dejar reposar 12 horas tapado.

3. Sacar las cerezas y colocarlas en el tarro esterilizado donde las guardaremos.

4. Volver a cocer el almíbar hasta el punto de perla fuerte (al introducir la cuchara soplamos por encima y se formarán unas burbujas).

5. Verter el aguardiente sobre las cerezas y después el almíbar. Incorporar la canela y el cilantro. Cerrar el tarro y dejar macerar un mínimo de dos meses. De vez en cuando remover las cerezas. El licor es buenísimo y las cerezas se pueden utilizar para hacer alguna salsa de las que tan bien van con los asados navideños.

CIRUELAS AL JEREZ

Ingredientes

1 kg. de ciruelas pasas
3/4 de kg. de azúcar
1 palito de vainilla
1 botella de fino de jerez
4 rodajas de limón
2 clavos de especia
3/4 de l. de agua

NOTAS:

Preparación

1. Remojar una noche las ciruelas en agua. Escurrir.

2. Mezclar el azúcar, el palito de vainilla, las rodajas de limón, los clavos y el agua en una cazuela grande y llevar a ebullición, sin dejar de mover. Bajar el fuego y cocer 15 minutos. Añadir las ciruelas y dejar cocer suavemente, sin tapar, durante 30 a 40 minutos. Separar las ciruelas del almíbar.

3. Rellenar un tarro esterilizado con las ciruelas. Verter el jerez y el almíbar. Cerrar y guardar como mínimo dos meses antes de consumirlo.

ALMÍBAR DE HIGOS

Ingredientes

1 kg. de higos no muy maduros
1 kg. de azúcar

NOTAS:

Preparación

1. Pinchar los higos 3 veces con una aguja de punto. Se tienen a remojo en agua 48 horas.

2. Se dan un hervor en agua, una vez escurridos, de unos 10 minutos. Se escurren de nuevo y se ponen a cocer con el azúcar y 1/2 litro de agua. Se espuma y se deja cocer hasta que el almíbar esté a punto de hebra (ver receta de «Aguardiente de cerezas»). Se envasan con el almíbar en un tarro esterilizado y se guarda como mínimo un mes antes de consumirlo.

CLEMENTINAS CONFITADAS

Ingredientes

1 kg. de clementinas *1 limón* *NOTAS:*
1 kg. de azúcar *1/4 l. de agua*

Preparación

1. Tener a remojo en agua las clementinas durante 2 días, cambiando el agua varias veces.

2. Se ralla la piel con un rallador y se pincha con aguja de punto donde el pedúnculo.

3. En una cazuela se pone el agua, la ralladura de limón y el zumo y el azúcar. Se lleva a ebullición y se van echando las clementinas. Se da un hervor de 12 minutos y se aparta del fuego. Se deja enfriar. Se tapa y se deja en reposo 2 días. Se vuelve a dar un hervor de 12 minutos, se tapa y se deja reposar otros 2 días. Entonces se da un hervor de 30 minutos. Se envasa con el almíbar en tarros esterilizados y no se consume antes de un mes.

DÁTILES RELLENOS

Ingredientes

250 gr. de dátiles
100 gr. de mazapán (véase receta en los dulces navideños)
2 cucharaditas de brandy
175 gr. de chocolate sin leche

NOTAS:

Preparación

1. Se deshuesan los dátiles.
2. Se mezcla el mazapán con el brandy. Se les da la forma del hueso del dátil y se introducen en ellos.
3. Fundir el chocolate con una cucharada de agua.
4. Colocar los dátiles en moldecitos de papel como para «petits fours». Cubrirlos con el chocolate caliente. Colocar en una bonita caja, y están listos para regalar.

DULCES DE ZANAHORIAS

Ingredientes

1 kg. de zanahorias
150 gr. de coco rallado
1 cucharada de azúcar vainillada
150 gr. de azúcar
ralladura de 1 naranja

NOTAS:

Preparación

1. Pelar y rallar las zanahorias. Ponerlas a cocer con 100 gr. de coco rallado, los azúcares, la ralladura de naranja y 1/2 vaso de agua. Al cabo de 1/2 hora remover bien. Con una cucharita hacer bolas que pondremos en moldes de papel. Espolvorear el coco restante. Poner en bonitas cajas y regalar. Consumir en seguida.

CUATRO MERMELADAS EXÓTICAS

MERMELADA DE PIÑA

Para 1/2 kg. de pulpa de fruta, 1/2 kg. de azúcar, 1 palo de vainilla y 1/2 limón. Poner a macerar una noche la fruta y el azúcar. Al día siguiente, poner todo a hervir durante 25 minutos. Verter caliente en un tarro esterilizado. Cuando esté fría tapar y ya está lista.

MERMELADA DE MANGOS

Para 1/2 kg. de pulpa de mango, 1/2 kg. de azúcar y 1 palito de vainilla. En una cacerola llevar a ebullición el azúcar con agua que la cubra. Cuando tenga el punto de hebra, echar el mango troceado y la vainilla. Cocer 25 minutos. Echar en tarros y hacer como en la receta anterior.

MERMELADA DE COCO

Para 1 coco, 50 gr. de azúcar vainillada. En una cacerola hervir 4 dl. de agua con el azúcar. Agregar el coco rallado y cocer 40 minutos. Repetir la operación anterior para envasarla.

MERMELADA DE MELÓN

Para 1/2 kilo de pulpa de melón muy dulce, cortada en dados, 325 gramos de azúcar. Dejar macerar 12 horas. Retirar la fruta y cocer el jugo con el azúcar suavemente. Cuando espese agregar la fruta apartada. Cocer unos 30 minutos. Al final agregar 2 cucharadas de zumo de limón. Regalar estas cuatro mermeladas en una bonita cesta adornada con ramas secas y piñas pequeñitas.

MARRÓN GLACÉ

Ingredientes

- *1 kg. de castañas gordas*
- *750 gr. de azúcar*
- *1 cucharada de glucosa (se puede sustituir por zumo de limón)*
- *1 l. de agua*
- *1 palo de vainilla*

NOTAS:

Preparación

1. Poner a hervir las castañas en agua 15 minutos, habiéndolas hecho una incisión en la parte más redonda. Pelarlas en caliente.
2. Hacer un almíbar con el azúcar, el agua y el palo de vainilla. Introducir las castañas. Dar un hervor y dejar macerar tapadas 2 días.
3. Sacarlas del almíbar. Dar a éste un punto de napa (es cuando ha empezado a hervir y las burbujas se han hecho pequeñas). Introducir de nuevo las castañas, darles un hervor y dejar macerar de nuevo otros 2 días.
4. Volver a llevar a ebullición el almíbar con las castañas dentro. Llegar al punto de perla fuerte (ver receta de «Aguardiente de cerezas»). Añadir una cucharada de glucosa o zumo de limón. Escurrirlas y dejarlas secar en una rejilla 24 horas. Envolverlas en papel de plata y envasar en una bonita caja.

Nota: Si se quiere hacer castañas en almíbar, se envasarán con su almíbar sin dejarlas secar.

TRUFAS DE «MARRÓN GLACÉ»

Ingredientes

1 tarro de crema de castañas a la vainilla
cacao en polvo

NOTAS:

Preparación

1. En una mesa poner una capa de cacao. Con una cuchara hacer unas bolas del puré de castañas y envolverlas bien en el cacao. Ponerlas en moldecitos de papel. Al regalarlas hacer la observación de que hay que comerlas en seguida. Guardar en la nevea.

«CAKE» DE FRUTAS ESCARCHADAS

Ingredientes

300 gr. de fruta escarchada
100 gr. de pasas sin semilla
1/2 vaso de ron
250 gr. de harina
175 gr. de mantequilla
150 gr. de azúcar
4 huevos
1 limón
1 cucharada grande de levadura en polvo
1 tarro de mermelada de albaricoque

NOTAS:

Preparación

1. Poner las pasas en una taza con el ron. Dejar 1/2 hora.
2. Cortar la mitad de la fruta escarchada en trocitos.
3. Batir con batidora eléctrica la mantequilla ablandada con el azúcar. Añadir uno a uno los huevos.
4. Envolver la fruta escarchada cortada en la harina y mezclar bien. Escurrir las pasas y también mezclarlas con la harina. Agregar la harina con las frutas a la mantequilla. Incorporar la levadura. Batir de nuevo. Tiene que quedar una masa untuosa.
5. Engrasar un bonito molde de cake, de porcelana o cristal. Cubrirlo con papel de aluminio engrasado. Verter la masa.
6. Hornear en horno previamente caliente a una temperatura media-fuerte primero, y cuando el cake suba, bajarlo. Cocer 1 hora o 1 hora y 1/2. Al introducir una aguja en el centro, saldrá limpia. Sacarlo del molde y enfriarlo en la rejilla.
7. Derretir al fuego la mermelada con el zumo de limón. Pintar la superficie del cake. Decorar con la fruta reservada, que también pintaremos de mermelada caliente. Volver a introducir en el molde, una vez bien seco y envolver en papel de celofán. Poner un bonito lazo y muérdago.

«SHORTBREAD»

Ingredientes

225 gr. de mantequilla
125 gr. de azúcar
225 gr. de harina
125 gr. de Maizena
azúcar glass para decorar

NOTAS:

Preparación

1. Mezclar el azúcar con la mantequilla ablandada.

2. Tamizar la harina, ponerla en un bol, mezclarla con la maizena y mezclar la mantequilla en trocitos con la punta de los dedos hasta que parezca migas de pan.

3. Poner la masa en 2 moldes enharinados redondos y pinchar haciendo dibujos en toda la superficie con un tenedor. Hornear en horno calentado previamente unos 45 minutos a temperatura media.

4. Sacarlo del horno y, con un cuchillo, mientras está caliente, marcar las líneas por donde se cortará, del centro hacia afuera. Dejar enfriar. Espolvorear azúcar glass. Introducir en una caja de lata con bonitos dibujos y regalar.

ROSQUILLAS

Ingredientes

1 taza de té de leche
1 taza de té de aceite
1 taza de té de azúcar
3 huevos
aceite abundante para freír
1 vasito de anís
1 sobre de «Flanín»
la harina que admita
1 corteza de limón
1 cucharada de levadura en polvo

NOTAS:

Preparación

1. En una cacerola se pone la leche con la corteza. Se lleva a ebullición. Se añaden los huevos, el azúcar y el aceite. Se bate todo. Se va añadiendo la harina mezclada con el «Flanín» y la levadura, hasta que obtengamos una masa homogénea. Amasar ligeramente. Coger un poco de masa, con la palma de las manos se hace un rollo y se le da forma de rosquilla.
2. En abundante aceite no muy caliente se van friendo hasta que se doren.
3. Espolvorear azúcar por encima. Dejar enfriar.
4. Colocarlas en una bonita caja y regalar.

MERMELADA DE NARANJA RÁPIDA

Ingredientes

3 naranjas pequeñas de zumo
2 limones
3 cucharadas de zumo de limón
5 tazas de agua
6 tazas de azúcar

NOTAS:

Preparación

1. Cortar con un cuchillo afilado las frutas en cuartos, y sacar con el cuchillo la pulpa. Trocearla. Cortar finamente la corteza y luego picarla con un picador. Poner todo en una cacerola con el zumo de limón y el agua y llevar a ebullición. Cocer suavemente 1 hora.

2. Añadir el azúcar y remover para que se disuelva. Llevar de nuevo a ebullición y cocer suavemente 50 minutos.

3. Verter la mermelada caliente en tarros de cristal esterilizados y enfriar. Tapar con tapas y cubrir con cuadraditos de tela de colores. Poner una cinta alrededor. Ya está lista para convertirse en un sabroso regalo.

TURRÓN DE YEMA

Ingredientes

1/2 kg. de almendras peladas	*3 yemas de huevo*	NOTAS:
1/2 kg. de azúcar	*1/2 vaso de agua*	

Baño

3 yemas	*1/2 l. de agua*
125 gr. de azúcar	

Preparación

1. Hacer un almíbar con el agua y el azúcar y llevar a punto de hebra espesa (véase receta de «Aguardiente de cerezas», sólo que la hebra se hace más espesa).

2. Poner las almendras trituradas en un cuenco. Se va vertiendo poco a poco el almíbar y removiendo. Después, añadir las yemas una a una (se pueden necesitar una más o una menos, según el tamaño de las yemas). Debe quedar una masa espesa. Poner en un molde alargado. Se deja secar un día.

3. Baño: Hacer un almíbar con el agua y el azúcar. Hervir 15 minutos. Verter sobre las yemas batidas. Enfriar. Cubrir con este baño el turrón. Dejar secar. Envolver en papel de celofán. Guardar en la nevera.

PARA LOS QUE NO SON GOLOSOS

CODORNICES EN ESCABECHE

Ingredientes

6 codornices	*3 zanahorias*	*NOTAS:*
100 gr. de manteca de cerdo	*1 cebolla*	
nuez moscada	*3/4 de l. de caldo*	
unas hojas de laurel	*vinagre*	
1 cucharada de clavo	*2 limones*	
6 dientes de ajo	*sal*	
	pimienta en grano	

Preparación

1. Salpimentar las codornices y asarlas al horno bien untadas de manteca y atadas. Rodearlas de la cebolla y las zanahorias troceadas, las hojas de laurel, unos granos de pimienta, los clavos y los ajos.

2. Cuando estén casi tiernas, regarlas con el caldo, 8 cucharadas de vinagre y el zumo de los limones. Echar un poco de nuez moscada. Salpimentar. Poner todo en una cazuela, tapar y cocer hasta que las codornices estén tiernas al pincharlas.

3. Poner las codornices en unos cacharros de cristal que cierren herméticamente, esterilizados. Cubrirlas con el escabeche. Cerrar y guardar al abrigo de la luz antes de comerlas, que no será antes de una semana.

CONEJO EN «CONFIT»

Ingredientes

1 conejo troceado
su mismo peso en manteca
20 gr. de sal
1 cucharadita de café de pimienta
1 pellizco de azúcar
unos clavos
2 cucharaditas de café de tomillo
1 hoja grande de laurel picada
1 cucharadita de café de «4 especias» en polvo

NOTAS:

Preparación

1. Salar los trozos de conejo. En una cazuela de barro se pone la manteca. Se lleva a ebullición. Cuando esté fundida, se incorporan los trozos de conejo. Cubrirlos con la grasa. Añadir los demás ingredientes. Cocer. Cuando al pinchar el conejo esté tierno, se escurre.

2. Se ponen los trozos de conejo en tarros de barro o porcelana. Se cubren con la grasa tibia, reservando un poco. Se deja reposar un día. Se vuelve a verter la grasa tibia para rellenar los huecos que hubiesen quedado. Se tapa con papel sulfurizado o de estraza engrasado. Se cubre con un pañito de cuadros, se pone una goma alrededor. No comer antes de un mes.

PATÉ DE HIGADITOS

Ingredientes

350 gr. de higaditos de pollo
125 gr. de hígado de cerdo
150 gr. de tocino
1 chalota
unas ramas de perejil
1/2 dl. de oporto
25 gr. de pistachos
1 huevo
2 lonchas de tocino entreverado
tomillo
estragón
«4 especias»
sal
pimienta

NOTAS:

Preparación

1. Pedir al pollero o al carnicero que pase por la máquina picadora los hígados de pollo de cerdo y el tocino. Agregar la chalota picada, el perejil picado, el tomillo y todas las demás especias. Agregar el huevo batido y el oporto. Escaldar los pistachos pelados en agua salada, los conserva verdes. Agregarlos a la mezcla.

3. Cubrir una bonita tarrina con las lonchas de tocino entreverado. Poner encima el paté. Cerrar bien. Cocer al horno, al baño María, más o menos 3/4 de hora a 1 hora. Dejar enfriar. Se conserva en la nevera quince días.

QUESO DE CABRA EN ACEITE

Ingredientes

- *6 quesitos de cabra del tamaño de un polvorón*
- *3/4 de l. de aceite de oliva virgen*
- *1 guindilla*
- *1 ramita de romero*
- *1 ramita de tomillo*
- *1 hoja de laurel*
- *10 granos de pimienta*

NOTAS:

Preparación

1. Poner los quesos frotados con un paño en un bonito cacharro de cristal (puede ser una pecera pequeña). Agregar las hierbas y guindilla. Cubrir de aceite de oliva. Tapar con un pañito y atar con un cordel alrededor. Consumir a los ocho días (se puede usar una sola pieza de queso más grande).

BERENJENAS EN ACEITE

Ingredientes

1 kg. de berenjenas
40 gr. de sal gorda
3/4 de l. de vinagre
1 vaso de aceite de oliva
2 dientes de ajo
1 ramita de cilantro

NOTAS:

Preparación

1. Cortar las berenjenas bien lavadas en rodajas gordas. Ponerlas en un colador con la sal y dejarlas 2 horas. Escurrirlas bajo el chorro de agua. Secarlas bien.

2. Llevar el vinagre a ebullición. Incorporar las berenjenas. Si fuese necesario se añadiría un poco de agua. Cocer un par de minutos. Sacar, escurrir y secar bien. En un cacharro alargado de cristal, de los que cierran herméticamente, poner un poco de aceite. Colocar una capa de berenjenas. Espolvorear con las hojas de cilantro picadas y los ajos fileteados. Añadir más aceite. Continuar así hasta terminar con el aceite. Cuidar de que las berenjenas estén bien cubiertas de aceite. Apretar para quitar las burbujas. Cubrir con papel de estraza y cerrar herméticamente. No consumir antes de un mes y guardarlas al abrigo de la luz.

VINAGRE DE FRAMBUESA

Ingredientes

3/4 de l. de vinagre de vino
150 gr. de frambuesas

NOTAS:

Preparación

Rellenar una bonita botella de cristal con las frambuesas y el vinagre. No utilizar antes de quince días.

ESTERILIZACIÓN DE LOS TARROS

Poner los tarros en un esterilizador especial o bien una olla grande y profunda, en la que introduciremos una rejilla en el fondo. Se rodearán los tarros también de trapos para que no toquen las paredes de la cacerola. Llenar de agua fría y llevar a ebullición. Existen termómetros en el mercado que nos indicarán la temperatura ideal. Recordemos que las conservas deben resguardarse de la luz y humedad. Siempre que los alimentos se conserven en líquidos –aguardiente, almíbar, etc.– deben quedar totalmente cubiertos por éstos.

ÍNDICE

Páginas

Páginas

Páginas

Páginas